数学が苦手でも

解ける！

二級建築士試験

構造力学

西村博之・辰井菜緒 著

学芸出版社

はじめに

　現在、私は、専門学校で構造力学を教えております。入学してくる生徒のほとんどが普通高校出身者ですが、中には、文系大学出身者や留学生も在学しています。生徒の中には、数学が苦手で最初から構造力学を敬遠する人もいます。それは、教科書の中身に問題があって、答えを導くのに数式だけを使用しているところにあります。専門学校では、二級建築士の合格を目標としているので、私の場合は、数式は最小限に抑え、図を使って解答まで到達できるように工夫しています。本書では私が実際の授業で教えている手法で二級建築士の過去問を解説していきます。まったく数式を使わないわけではありませんが、中学レベルの数学の知識があれば十分理解できると思います。数学が本当に苦手だという方のために途中で数式の処理方法も解説してまいります。

本書の構成・特徴

　過去 9 年間に出題された問題を 6 つの章に分類し、かつ 13 の項にまとめました。各章においては、最初にその章における「問題を解くための基本知識」を再確認いただきます。続いて問題と解説を表裏に配置してあるので、解答欄の「問題を解く手順」に従って解いていき、裏の解答解説（基本公式・基本ルール・計算方法・問題を解くポイント）で再確認していただきます。最後に何も見ないで、もう一度問題を解くことで実力がつきます。

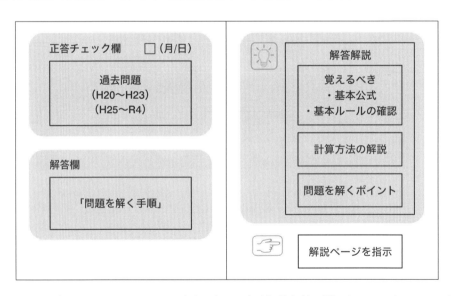

　令和 2 年度からの法改正に伴い、受験に際して実務経験年数を問わないということになりました。力学は苦手だったという方も微かな記憶のあるうちにもう一度チャレンジしてみませんか。

　最初は、解説を見ずに解答するのは難しいかもしれません。しかし、解答手順を覚えてしまえば、おもしろいように正答にたどり着くことができます。

　実際、構造力学の問題は、ここ数年新しい問題の出題はありません。過去問題をしっかりこなしていけば、他の文章問題よりも点数の取りやすい分野です。必ず点数の確保が可能です。

目次

出題傾向

　構造の試験問題25問中6問（4~6問）の構造力学の出題傾向は、下表のようになっています。H20~23までは、力の釣り合いの基本問題（バリニオンの定理）が出題されています。それ以降の出題はありませんが、力学の問題を解く基本になるので最初に解説をいたします。尚、出題年度が灰色で示されている問題の解説は省略します。（他年度に類似問題があるため）

出題分野	出題範囲	問題内容		出題年度
1：力の釣り合い	釣り合いの3条件	$\Sigma M=0$		H20
	バリニオンの定理	合力		H22,H23
2：応力	反力 （応力の値）	ラーメン		H26
		スリーヒンジラーメン		H25,R4
	応力図 （応力の値）	梁	Q値	H26,H27,H28,H29,H30 R1,R2,R3,R4
		ラーメン	M値	H27,H28,H29,H30, R1,R2,R3,R4
3：断面の性質	断面一次モーメント	図心を求める		H26,H29,R1,R3
	断面二次モーメント	$I=\dfrac{bh^3}{12}$		H25,H27,H28,H30,R2,R4
4：応力度	曲げ応力度	$\sigma_b=\dfrac{M}{Z}$		H25,H26,H27,H29,H30 R1,R2,R3,R4
	組み合わせ 応力度	$\sigma_b+\sigma_c$ 曲げ+圧縮応力度		H28
5：トラス	節点法	・0部材を求める。 ・軸方向力を求める。		H27,H30,R1,R3,R4
	切断法			H25,H26,H28,H29,R2
6：座屈	たわみ	文章題		H25,R3
	弾性座屈荷重	$\dfrac{\pi\cdot EI}{Lk^2}$		H25,H26,R2,R3,R4
	座屈長さ	支持条件による違い		H27,H28,H29,H30,R1,R4

最低限やるべきこと

p.5 の出題傾向を見れば、一目瞭然ですが、ここ数年の出題範囲は、きまっています。
従って、次に掲げたことを覚えれば、ほとんどの問題はクリアできます。

1. 構造物に外力が生じた場合の反力と応力を求める。
   ◆：$\Sigma X=0$　　　$\Sigma Y=0$　　　$\Sigma M=0$

2. 断面一次モーメントを使って図心を求める。　$x_0=\dfrac{Sy}{A}$　　$y_0=\dfrac{Sx}{A}$

3. 断面二次モーメントを求める。　$I_x=\dfrac{bh^3}{12}$

4. 曲げ応力度を求める。　$\sigma_b=\dfrac{M}{Z}$　$Z=\dfrac{bh^2}{6}$

5. トラスの解法を利用して軸方向力を求める。
   ◆：三つの直角三角形の三角比を覚える。

  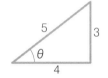

6. 弾性座屈荷重 N_k は、EI に比例し、
   L_k の二乗に反比例すると覚える。　$N_k=\dfrac{\pi^2 EI}{L_k{}^2}$

7. 支持条件による座屈長さの変化を四つ覚える。

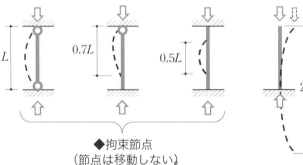

◆拘束節点
（節点は移動しない）

8. 組み合わせ応力度とたわみの問題は、めったに出題されません。

   ◆ 覚えるべき公式は、3 と 4 の 3 つだけです。図心の式は、問題に与えられてい
   ますし、弾性座屈荷重の式は、覚えなくても、曲げ剛性 EI に比例し、座屈長
   さ L_k の二乗に反比例すると覚えておけばいいのです。 これから、問題を解答
   手順に従って解いていけば、自然と解き方は、覚えてしまうと思います。

1章

力の釣り合い

❶ 釣り合いの3条件を使って力を求める

● 力の釣り合いとは、物体に力が作用したとき物体が静止していることである。

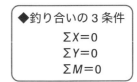

◆釣り合いの3条件
$\Sigma X = 0$
$\Sigma Y = 0$
$\Sigma M = 0$

● $\Sigma X = 0$ とは、X 方向の力が釣り合っていて動かないことを示している。

X 方向

$\ominus$ $\oplus$

10kN ⇒ □ ⇐ 10kN

$\Sigma X = 10 - 10 = 0$

10kN ⇐ □ ⇒ 10kN

$\Sigma X = -10 + 10 = 0$

★ Σ（シグマ）とは、総和のことで、釣り合っているときの答えは、0 になる。

● $\Sigma Y = 0$ とは、Y 方向の力が釣り合っていて動かないことを示している。

Y 方向

$\oplus$ $\ominus$

10kN

$\Sigma Y = 10 - 10 = 0$

10kN

10kN

$\Sigma Y = -10 + 10 = 0$

10kN

● $\Sigma M = 0$ とは、時計回りのモーメントと反時計回りのモーメントが釣り合っていて回転しないことを示している。

モーメント
（回転させる力）

$\oplus$ $\ominus$

時計回り　反時計回り

10kN・m

$\Sigma M = 10 - 10 = 0$

10kN・m

$\Sigma M = -10 + 10 = 0$

▶ **力の釣り合い式の手順**

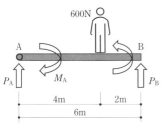

600N

A　　　　　　　　B
P_A　　M_A　　　P_B

4m　　2m
6m

① $\Sigma M_A = 600\text{N} \times 4\text{m} - P_B \times 6\text{m} = 0$ より $P_B = 400\,\text{N}$ となる。

② $\Sigma Y = P_A - 600 + 400 = 0$ より $P_A = 200\,\text{N}$ となる。

③ X 方向の力はないので $\Sigma X = 0$ となる。

 最初に $\Sigma M = 0$ の式を使って一つの分力（P_B）を求めるのがポイントである。

❷ 延長・垂線・移動で力のモーメントを求める

下図においてレンチでナットを締めようとしたとき、ナットを回転させようとする力をモーメントという。

モーメント＝力 (N) × 距離 (m)＝N・m (ニュートンメートル)

モーメント＝$100N×0.3m=$ 30N・m (⟳)

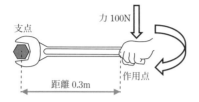

支点

力 100N

作用点

距離 0.3m

> 💡 **モーメントの符号**
> ⟳ 時計回りを⊕とする
> ⟲ 反時計回りを⊖とする

▶ モーメント計算の手順

①**延長**（力の作用線を延長する。）

②**垂線**（支点から延長線まで垂線を引く。）

●—·—·—·—□90°

③**移動**（力を垂線まで移動する。）

モーメント　力
垂直距離

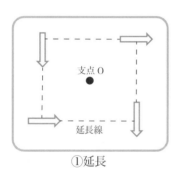

支点 O

延長線

①延長

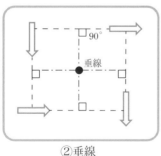

90°

垂線

②垂線

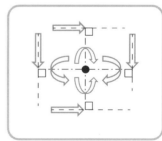

③移動

> 💡 モーメント計算における垂直距離とは、支点から力の延長線までの垂線の距離になる。

★支点 O に釘を打って四角のパネルを回転させたとき、$\Sigma M = 0$ とは、時計回りと反時計回りのモーメントが等しく、釣り合っていて回転しないということである。

❸ モーメント計算の確認─支点からの垂直距離の求め方が重要　▶ モーメント計算の手順

● O 点でのモーメントの合計を計算する。

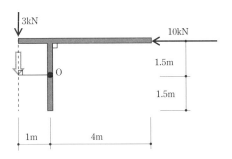

①延長（　------------　）

②垂線（　□　——　）

③移動（　⟹　）

$$M_O = -3\text{kN} \times 1\text{m} - 10\text{kN} \times 1.5\text{m} = \boxed{-18\text{kN·m} \ (\circlearrowleft)}$$

● O 点でのモーメントの合計を計算する。

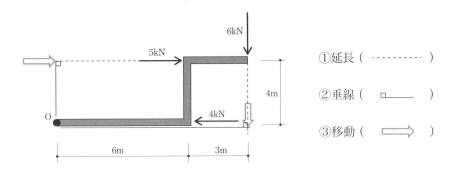

①延長（　------------　）

②垂線（　□　——　）

③移動（　⟹　）

$$M_O = 5\text{kN} \times 4\text{m} + 6\text{kN} \times 9\text{m} + 4\text{kN} \times 0 = \boxed{74\text{kN·m} \ (\circlearrowright)}$$

 4kN は、延長・移動すると O 点を通るので垂直距離が 0 となり、モーメントの値が 0 となる。

問題 1・1・1　H20　　　　　正答☑　1□（　）2□（　）3□（　）

◆図のような四つの力 P_1~P_4 が釣り合っているとき、P_2 の値として、**正しいもの**は、次のうちどれか。

1. 30kN
2. 24kN
3. 18kN
4. 12kN
5. 　6kN

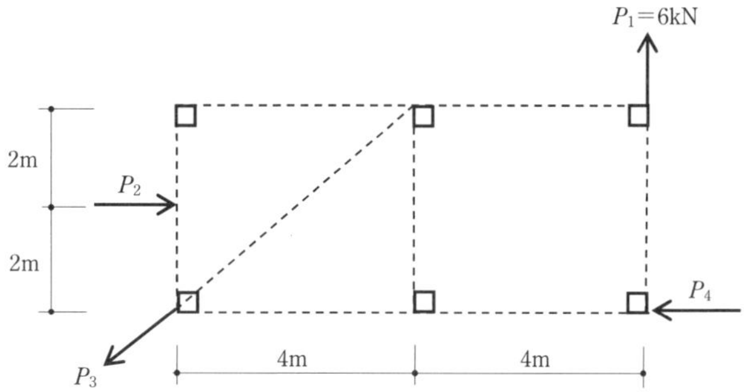

$P_1＝6$kN

2m

P_2

2m

P_3

4m　　　4m

P_4

解答欄

① P_2 を求める。（P_3 と P_4 の交点で $\Sigma M＝0$　➡　P_2）

▶ **モーメント計算の手順**

　①延長（力の作用線を延長する。）

　②垂線（支点から延長線まで垂線を引く。）

　③移動（力を垂線まで移動する。）

（参考）

②図式で P_3 を求める。（45°の三角比は、$1:1:\sqrt{2}$）

③図式で P_4 を求める。（$\Sigma X＝0$）

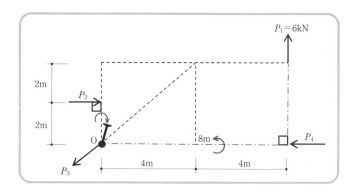

- **❷力のモーメント**で説明したように、4力が釣り合っているということは、力の釣り合いの3条件が成り立っているということである。
- 四角いパネルを想像し、O点に釘を打って4力によるモーメントの総和を計算する。その際、$\Sigma M = 0$ならば、釣り合っている。

① P_2 を求める（P_3 と P_4 の交点 O で $\Sigma M_0 = 0$）　　　　　 p.9 参照

$$\Sigma M_0 = P_2 \times 2\text{m} - 6\text{kN} \times 8\text{m} = 0$$

$$P_2 = 6\text{kN} \times \frac{8\text{m}}{2\text{m}} = \boxed{24\text{kN} \,(\rightarrow)}$$

解答 (2)

（参考）
② 図式で P_3 を求める（$45°$の三角比は、$1:1:\sqrt{2}$）

$\Sigma Y = 0$ から P_3 の垂直成分 P_{3Y} は、
下向き 6kN（↓）とわかる。

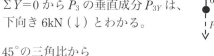

$45°$の三角比から
$P_{3X} = 6\text{kN}$（←）
$P_3 = 6\sqrt{2}\,\text{kN}$（↙）とわかる。

③ 図式で P_4 を求める（$\Sigma X = 0$）

$\Sigma X = 0$ から $P_4 = 18\text{KN}$（←）とわかる。

 問題を解くポイント

最初に答えのわからない $P_2 \cdot P_3 \cdot P_4$ の内、2力の交点で$\Sigma M = 0$ の計算式を立てること。O点は、P_3 と P_4 の交点だから、モーメントが0になり、P_2 が求まる。あとは、$\Sigma X = 0$ と $\Sigma Y = 0$ を図式で解けば、答えが求まる。この問題は、P_2 の答えだけ求めている。

● バリニオンの定理とは　　| 合力のモーメント＝分力のモーメントの合計 |

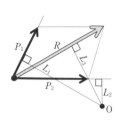

力 P_1 と P_2 の O 点に対するモーメントの和は、合力 R の O 点に対するモーメントに等しい。

$$P_1 \times L_1 + P_2 \times L_2 = R \times L_3$$

1 点に作用する力にも平行に作用する力にもバリニオンの定理が成り立つ。

❶ 平行に作用する力の合成（合力）—二つの分力から支点と合力までの距離がわかる

● 分力のモーメントの合計がわかれば支点から合力までの距離がわかる。

▶ 力の合成（合力）の手順

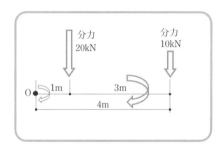
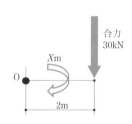

① 平行に作用する分力の合力を計算する。
20kN（↓）＋10kN（↓）＝30kN（↓）

② 支点 O での分力のモーメントを計算する。
$M_0 = 20\text{kN} \times 1\text{m} + 10\text{kN} \times 4\text{m} = 60\text{kN·m}$（↶）

③ 合力のモーメントを求める式をたてる。
$M_0 = 30\text{kN} \times X\text{m}$

④ バリニオンの定理で支点 O から合力までの距離を求める。
$M_0 = 30\text{kN} \times X\text{m} = 60\text{kN·m}$

| $X\text{m} = 2\text{m}$（O 点の右側）（支点 O から合力までの距離） |

❷ 平行に作用する力の分解（分力）—合力と二つの分力によるモーメントは等しい

● 40KN を A と B の作用線上に分解する。

● 分解する作用線に支点を置けば、簡単に分力が求められる。

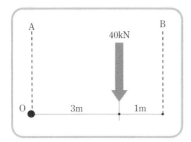 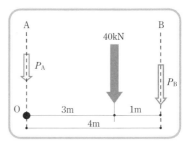

力の分解（分力）の手順

①分解する作用線上に支点 O を置き、力のモーメント式をたてる。

$$M_O = 40\text{kN} \times 3\text{m} = 120\text{kN·m} \ (\curvearrowright)$$

②支点 O での分力のモーメントを計算する。

$$M_O = P_A \ (\text{kN}) \times 0\text{m} + P_B \ (\text{kN}) \times 4\text{m} = P_B \ (\text{kN}) \times 4\text{m}$$

③バリニオンの定理で一方の分力の大きさを求める。

$$M_O = P_B \ (\text{kN}) \times 4\text{m} = 120\text{kN·m} \qquad \boxed{P_B = 30\text{kN} \ (\downarrow)}$$

$P_A + P_B = 40\text{kN}$ から
$$P_A = 40\text{kN} - P_B = 10\text{kN} \qquad \boxed{P_A = 10\text{kN} \ (\downarrow)}$$

 分解する作用線上に支点 O を置くことがポイントとなる。
分力の一つ P_A が支点 O を通るためモーメントが 0 となり、
未知数が P_B 一つになって簡単に求めることができる。

問題 1・2・1	H22

正答☑　1□( )　2□( )　3□( )

◆図のような分布荷重の合力の作用線からA点までの距離として**正しいもの**は、次のうちどれか。

1. 4.5m
2. 5.0m
3. 5.1m
4. 5.2m
5. 5.5m

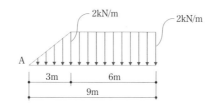

解答欄	▶力の合成（合力）の手順	★準備：等分布・等変分布荷重を集中荷重に直す。

①平行に作用する分力の合力を計算する。

②支点Aでの分力のモーメントを計算する。

③合力のモーメントを求める式をたてる。

④バリニオンの定理で支点Aから合力までの距離を求める。

問題 1・2・2	H23

正答☑　1□( )　2□( )　3□( )

◆図のような分布荷重の合力の作用線からA点までの距離として**正しいもの**は、次のうちどれか。

1. 1.6m
2. 2.2m
3. 2.6m
4. 2.8m
5. 3.4m

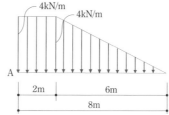

解答欄	▶力の合成（合力）の手順	★準備：等分布・等変分布荷重を集中荷重に直す。

①平行に作用する分力の合力を計算する。

②支点Aでの分力のモーメントを計算する。

③合力のモーメントを求める式をたてる。

④バリニオンの定理で支点Aから合力までの距離を求める。

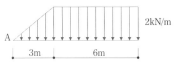

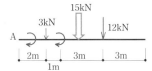

★準備：等分布・等変分布荷重を集中荷重に直す（p.18）。

①平行に作用する分力の合力を計算する。

$2\text{kN/m} \times 3\text{m} \times \dfrac{1}{2}$（↓）$+ 2\text{kN/m} \times 6\text{m}$（↓）$= 15\text{kN}$（↓）

②支点Aでの分力のモーメントを計算する。

$M_A = 3\text{kN} \times 2\text{m} + 12\text{kN} \times 6\text{m} = 78\text{kN·m}$（↻）

③合力のモーメントを求める式をたてる。

$M_A = 15\text{kN} \times X\text{m}$

④バリニオンの定理で支点Aから合力までの距離を求める。

$M_A = 15\text{kN} \times X\text{m} = 78\text{kN·m}$

$X = \dfrac{78}{15} = 5.2$

$\boxed{X = 5.2\text{m}}$ （O点の右側）（支点Oから合力までの距離）　　　　解答（4）

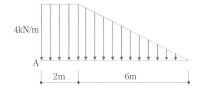

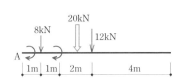

★準備：等分布・等変分布荷重を集中荷重に直す（p.18）。

①平行に作用する分力の合力を計算する。

$4\text{kN/m} \times 2\text{m}$（↓）$+ 4\text{kN/m} \times 6\text{m} \times \dfrac{1}{2}$（↓）$= 20\text{kN}$（↓）

②支点Aでの分力のモーメントを計算する。

$M_A = 8\text{kN} \times 1\text{m} + 12\text{kN} \times 4\text{m} = 56\text{kN·m}$（↻）

③合力のモーメントを求める式をたてる。

$M_A = 20\text{kN} \times X\text{m}$

④バリニオンの定理で支点Aから合力までの距離を求める。

$M_A = 20\text{kN} \times X\text{m} = 56\text{kN·m}$

$X = \dfrac{56}{20} = 2.8$

$\boxed{X = 2.8\text{m}}$ （O点の右側）（支点Oから合力までの距離）　　　　解答（4）

2章

応力

❶ 単純梁の反力―支点のモーメントの合計＝0 から反力を求める

▶ 単純梁の反力の求め方の手順

①荷重を単純化する。

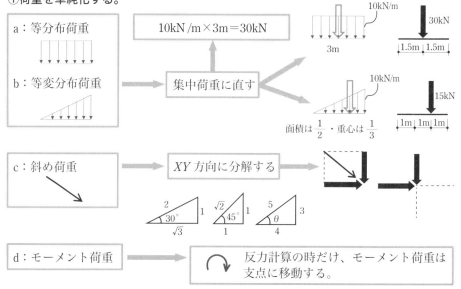

a：等分布荷重

$10\text{kN}/\text{m} \times 3\text{m} = 30\text{kN}$

b：等変分布荷重 → 集中荷重に直す

面積は $\frac{1}{2}$・重心は $\frac{1}{3}$

c：斜め荷重 → XY 方向に分解する

d：モーメント荷重 → 反力計算の時だけ、モーメント荷重は支点に移動する。

②反力を仮定する。

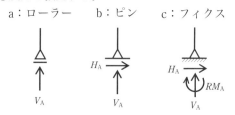

a：ローラー　　b：ピン　　c：フィクス

 ⊕の方向に仮定する。
答えが⊖の時は、向きは
仮定と逆になる。

↑　　→　　↻

最初から向きがわかっている場合は、逆でも構わない。

③$\Sigma M_A = 0$　➡　V_B を求める。

▶ 定番の式

$$\Sigma M_A = \text{力（kN）} \times \text{垂直距離（m）} + \cdots - V_B\text{（kN）} \times \text{A 点からの距離（m）} = 0$$

④$\Sigma Y = 0$　➡　V_A を求める。↑と↓は、等しい。

⑤$\Sigma X = 0$　➡　H_A を求める。→と←は、等しい。

❷ 片持ち梁の反力—支点における釣り合いから反力を求める

▶ 片持ち梁の反力の求め方の手順

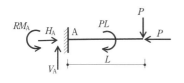

①荷重の単純化
②反力の仮定
　（①・②は、単純梁と同じ）
③A 点の右側にかかるモーメントを求め、その
　反対回りが反力となる。
④・⑤は、かかった力の反対方向に同じ大きさ
　の反力が生じる。

> 片持ち梁の反力は、単純梁のような一般式は必要ない。
> 3種類の外力に対して、反対方向に力をかけるだけ。

❸ 単純梁系ラーメンの反力—支点からの垂直距離の求め方が重要

▶ 単純梁系ラーメンの反力の求め方の手順

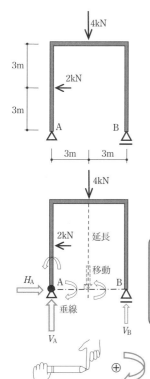

①集中荷重のみなので省略
②反力の仮定
　（⊕の方向に仮定する。）

　（答えが⊖の場合は、仮定した向きと逆になる）
③$\Sigma M_A = \curvearrowright + \curvearrowleft - V_B \times \Box = 0$
　　　　　　（□は、A 点から V_B までの距離）

この式に代入すると
　$\Sigma M_A = -2kN \times 3m + 4kN \times 3m - V_B \times 6m = 0$

$$\boxed{V_B = 1kN\ (\uparrow)}$$

> p.9 の力のモーメントで学んだ延長・垂線・移動の要領で
> ΣM_A の式を完成させる。（距離は、すべて支点 A から）
>
> ●A 点（左手）で鉛筆を握って右手で力をかけてみて、
> 　時計回りを⊕、反時計回りを⊖として計算する。

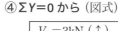

④$\Sigma Y = 0$ から（図式）

$$\boxed{V_A = 3kN\ (\uparrow)}$$

⑤$\Sigma X = 0$ から（図式）

$$\boxed{H_A = 2kN\ (\rightarrow)}$$

❹ スリーヒンジラーメンの反力 ─中央ヒンジのモーメントの合計＝0 を利用

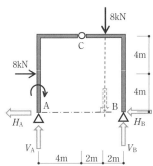

💡 **スリーヒンジラーメンの特徴**
スリーヒンジラーメンの反力は 4 つある。
釣り合いの 3 条件式だけでは、解けない。
中央のヒンジは、回転するのでモーメントは、
常に 0 になる。この式を利用する。
$\Sigma M_{C左}=0$（$\Sigma M_{C右}=0$）

▶ **スリーヒンジラーメンの手順①**

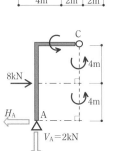

① 荷重の単純化
② 反力の仮定（基本的には、⊕方向）
③ $\Sigma M_A=0$ ➡ V_B を求める。

$\Sigma M_A=8kN\times4m+8kN\times6m-V_B\times8m=0$

> $V_B=10kN$（↑）

④ $\Sigma Y=0$ ➡ V_A を求める。

> $V_A=2kN$（↓）

⑤ $\Sigma M_{C左}=0$ ➡ H_A を求める。

$\Sigma M_{C左}=-2kN\times4m-8kN\times4m+H_A\times8m=0$

$H_A=5kN$

> $H_A=5kN$（←）

⑥ $\Sigma X=0$ ➡ H_B を求める。

> $H_B=3kN$（←）

▶ **スリーヒンジラーメンの手順②**

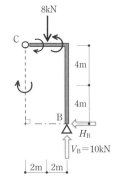

● 中央のヒンジの右側だけのモーメントの合計も 0 になる。

⑤ $\Sigma M_{C右}=0$ ➡ H_B を求める。

$\Sigma Mc右=8kN\times2m-10kN\times4m+H_B\times8m=0$

$H_B=3kN$

> $H_B=3kN$（←）

💡 **スリーヒンジラーメンの特徴**

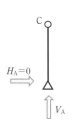

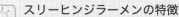

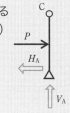

● 左図のように柱がヒンジとピンで繋がっている
場合、$H_A=0$ となる。（途中に荷重がない場合）

$\Sigma M_{C右}=0$ ➡ $H_A=0$

● 右図のように途中に荷重がかかって
いる場合は、$H_A=\dfrac{P}{2}$ となる。

$\Sigma M_{C右}=0$ ➡ $H_A=\dfrac{P}{2}$

◆図のような外力を受ける静定ラーメンにおいて、支点 A、B に生じる鉛直反力 R_A、R_B の値の組合せとして、**正しいもの**は、次のうちどれか。ただし、鉛直反力の方向は、上向きを「＋」、下向きを「－」とする。

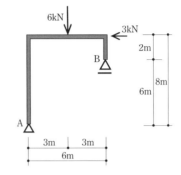

	R_A	R_B
1.	＋7kN	－1kN
2.	＋4kN	＋2kN
3.	＋3kN	＋3kN
4.	＋2kN	＋4kN
5.	－1kN	＋7kN

解答欄　▶ 単純梁系ラーメンの手順

①荷重を単純化する。（集中荷重のみなので省略）

②反力を仮定する。

③$\Sigma M_A = 0$　➡　R_B を求める。

④$\Sigma Y = 0$　➡　R_A を求める。（図式）

⑤$\Sigma X = 0$　➡　H_A を求める。（図式）

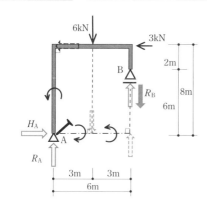

p.9 参照

延長

●-----□90°

垂線

←----□

移動

①荷重を単純化する。

（集中荷重のみなので省略）

②反力を仮定する。

（⊕の方向に仮定する。）

（答えが⊖の場合は、仮定した向きと逆になる。）

●段差のあるラーメンは、ピンを支点にする。（未知数を１つにするため）

③$\Sigma M_A = 0$　➡　R_B を求める。

$\Sigma M_A = 6kN \times 3m - 3kN \times 8m - R_B \times 6m = 0$

$-6kN \cdot m = R_B \times 6m$　　$\boxed{R_B = -1kN}$

答えが⊖の場合は、仮定した向きと逆になり、下向きとなる。

$R_B = 1kN (\downarrow)$

④$\Sigma Y = 0$　➡　R_A を求める。（図式）

$\boxed{R_A = +7kN (\uparrow)}$

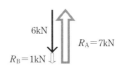

⑤$\Sigma X = 0$　➡　H_A を求める。（図式）

$H_A = 3kN (\rightarrow)$

★問題の指定で上向きを「＋」、下向きを「－」とすると

なっているので R_B の答えに（－）が付いている。

解答（1）

　③の$\Sigma M_A = 0$ の式が最も大切なポイントとなる。支点Aに釘を打って回転するモーメントの計算が重要。p.9の力のモーメントで学んだ延長・垂線・移動を確実に実施する事が大切である。

問題 2・1・2　H25　　　　　　　　　　　　正答☑　1□（　）2□（　）3□（　）

◆図のような外力を受ける3ヒンジラーメンにおいて、支点A、Bに生じる水平反力 H_A、H_B 及び鉛直反力 V_B の値の組合せとして、**正しいもの**は、次のうちうちどれか。ただし、水平反力の方向は、左向きを「＋」、鉛直反力の方向は、下向きを「－」とする。

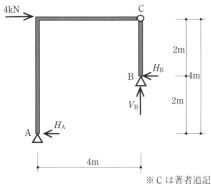

	H_A	H_B	V_B
1.	0kN	+4kN	+4kN
2.	+2kN	+2kN	+4kN
3.	+2kN	+2kN	−3kN
4.	+2kN	+2kN	+3kN
5.	+4kN	0kN	+4kN

※Cは著者追記

解答欄　▶ **スリーヒンジラーメンの反力の手順**　　◆集中荷重のみなので荷重の単純化は省略

①反力を仮定する。

②$\Sigma M_{C右}=0$　➡　H_B を求める。

③$\Sigma M_A=0$　➡　V_B を求める。

④$\Sigma Y=0$　➡　V_A を求める。（図式）

⑤$\Sigma X=0$　➡　H_A を求める。（図式）

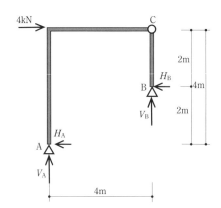

① 反力を仮定する。

💡 **スリーヒンジラーメンの特徴**
スリーヒンジラーメンの反力は
4つある。釣り合いの3条件式
だけでは、解けない。
中央のヒンジは、回転するので
モーメントは、常に0になる。
ここで、次の式を利用する。
$\Sigma M_{C右}=0$（$\Sigma M_{C左}=0$）

② $\Sigma M_{C右}=0$ の式で H_B を求める。

$\Sigma M_{C右}=V_B\times0+H_B\times2\text{m}=0$　$\boxed{H_B=0\text{kN}}$

💡 段差があるスリーヒンジラーメ
ンなので最初に H_B を求める。

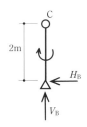

③ $\Sigma M_A=0$ ➡ V_B を求める。

$\Sigma M_A=4\text{KN}\times4\text{m}-V_B\times4\text{m}=0$

$\boxed{V_B=+4\text{KN}（↑）}$

④ $\Sigma Y=0$ ➡ V_A を図式で求める。

$V_A=-4\text{KN}（↓）$

（V_A は、下向きなので-4KN となる。）

⑤ $\Sigma X=0$ ➡ H_A を図式で求める。

$\boxed{H_A=+4\text{KN}（←）}$

解答 (5)

▶ 段差がないスリーヒンジラーメンの手順

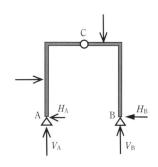

💡 段差がない場合は、最初に V_B を求める。

① 荷重の単純化
② 反力仮定（基本的には、⊕方向）
③ $\Sigma M_A=0$ ➡ V_B を求める。
④ $\Sigma Y=0$ ➡ V_A を求める。
⑤ $\Sigma M_{C左}$ ➡ H_A を求める。
⑥ $\Sigma X=0$ ➡ H_B を求める。

2・2 応力の値（応力図）

❶ 応力（部材内部に生じる力）の意味—外力により内部に力が生じ変形する

- 構造物に外力が生じると部材の中に様々な力（応力）が生じる。部材を曲げたり、ずらしたり、押したり、引っ張ったりする力が部材内部に生じる。その応力は、複雑だが、構造計算でそれらを扱うために3種類の力に分類して扱う。

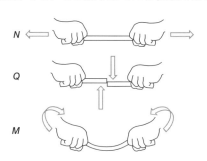

> それらの応力を
> 軸方向力（**N**）
> せん断力（**Q**）
> 曲げモーメント（**M**）
> という

❷ 片持ち梁の応力図—応力（N・Q・M）の値を図で表現する

★応力図とは、部材に生じる応力の分布を示した図のことである。応力図の書き方には、ルールがある。下記に示したルールを守りながら応力図を完成させていく。

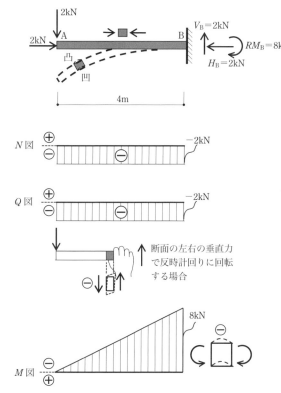

> ①**軸方向力図（N）**
> 　材軸の方向に生じる力
> ⊕：引張（上に示す）
> ⊖：圧縮（下に示す）

> ②**せん断力図（Q）**
> 　材軸に垂直に働く力
> ⊕：時計回り（上に示す）
> ⊖：反時計回り（下に示す）

> ③**曲げモーメント図（M）**
> 　材を曲げようとする力
> ⊕：下膨らみ（下に示す）
> ⊖：上膨らみ（上に示す）

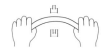

❸ 単純梁の応力図—Q図とM図の関係から応力図を完成させる

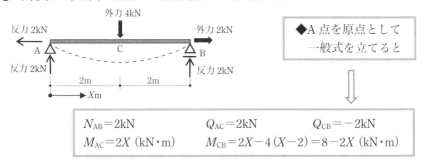

◆A点を原点として
一般式を立てると

⬇

$$N_{AB}=2\text{kN} \qquad Q_{AC}=2\text{kN} \qquad Q_{CB}=-2\text{kN}$$
$$M_{AC}=2X\,(\text{kN}\cdot\text{m}) \qquad M_{CB}=2X-4(X-2)=8-2X\,(\text{kN}\cdot\text{m})$$

★一般式を元にグラフ化もできるが、機械的に図式化した方が簡単である。

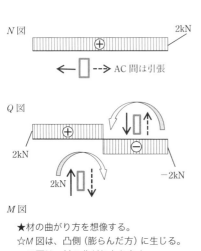

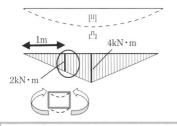

A点から1m右は、2kN·mが生じる。

N図	⊕ 引張	⟸ ⬛ ⟹
軸方向力	⊖ 圧縮	⟹ ⬛ ⟸

Q図
せん断力図

★梁に垂直に作用する力を
左から順に描く。

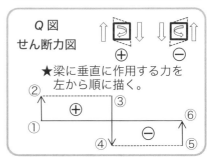

M図には、符号⊕⊖はつけない。
★M図の求め方は、2種類ある。
　①せん断力の値は、M図の勾配
　　（傾き）を表す。

	Q図	M図の勾配
M図とQ図の関係	⊕	↘
	0	→
	⊖	↗

②M図の値は、その地点の左側の
　せん断力図の面積の合計となる。

💡 **この章の問題を解くために必要なこと**
①梁の反力を求めること。
②部材途中のQ・Mの値を求めること。
③外力・反力・Q図・M図の関係を知ること。

問題 2・2・1　H26　　　　　　　　　正答☑　1□（　）2□（　）3□（　）

◆図のような荷重を受ける単純梁のA点における曲げモーメントの大きさとして、**正しいものは、次のうちどれか。**

1.　8kN・m
2.　10kN・m
3.　12kN・m
4.　14kN・m
5.　18kN・m

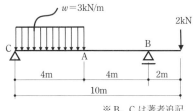

※B、Cは著者追記

解答欄　　▶ 単純梁の反力の求め方の手順

①荷重の単純化　➡　集中荷重

②反力を仮定する。

③$\Sigma M_C = 0$　➡　V_Bを求める。

④$\Sigma Y = 0$　➡　V_Cを求める。（図式）

⑤A点における曲げモーメントの大きさを求める。

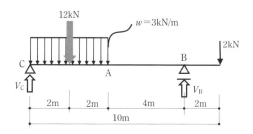

①荷重の単純化　➡　集中荷重　　　3kN/m×4m＝12kN

②反力を仮定する。　　　　　　　　　　⇧V_C　　　　⇧V_B

③$\Sigma M_C＝0$　➡　V_B を求める。

$\Sigma M_C＝12kN×2m＋2kN×10m－V_B×8m＝0$

$44kN・m＝V_B×8m$　　　　　$V_B＝\dfrac{44}{8}＝5.5kN　(↑)$

④$\Sigma Y＝0$　➡　V_C を求める。(図式)

$V_C＝8.5KN　(↑)$

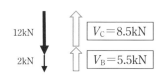

⑤A 点における曲げモーメントの大きさを求める。

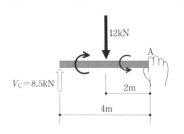

★A 点で梁を握って左側のモーメントの
　合計を計算する。

$M_A＝8.5×4－12×2$

　　　$＝34－24＝10　(kN・m)　(⌣)$

$\boxed{M_A＝10　(kN・m)}$

解答 (2)

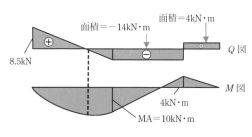

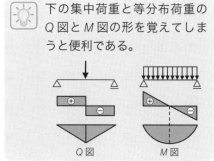

下の集中荷重と等分布荷重の
Q 図と M 図の形を覚えてしま
うと便利である。

◆図－1のような荷重 P を受ける単純梁において、曲げモーメント図が図－2 となる場合、A－C 間のせん断力の大きさとして、**正しいもの**は、次のうちどれか。

1.　2kN
2.　4kN
3.　6kN
4.　8kN
5.　10kN

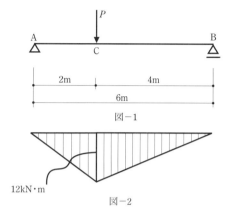

図－1

図－2

12kN・m

解答欄

①M 図の勾配を求める。

②M 図の勾配から Q 図を描く。

①M図の勾配を求める。

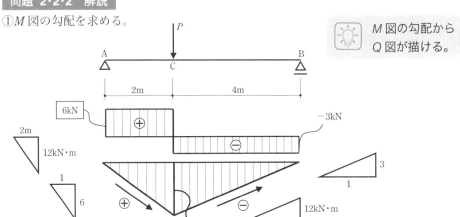

M図の勾配から
Q図が描ける。

②M図の勾配から Q図を描く。

p.26 参照

	Q図	M図の勾配
M図とQ図の関係	⊕	↘
	0	→
	⊖	↗

AC 間の M図の傾きは、下向き
勾配は、6（＋）
従って Q図は、＋6kN となる。

解答 (3)

例 題

M図から Q図と荷重図を描く。

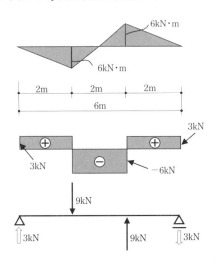

①M図の勾配を求める。

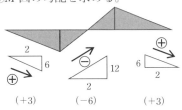

（＋3） （－6） （＋3）

②勾配から Q図を描く。

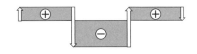

③Q図から荷重図を描く。
0 からスタートして 0 に戻る。

◆図のような荷重を受ける単純梁において、A点の曲げモーメント M_A の大きさと、A−B間のせん断力の Q_{AB} の絶対値との組合せとして、**正しいもの**は、次のうちどれか。

	M_A の大きさ	Q_{AB} の絶対値
1.	8kN・m	0kN
2.	8kN・m	1.5kN
3.	8kN・m	4.5kN
4.	10kN・m	1.5kN
5.	10kN・m	0kN

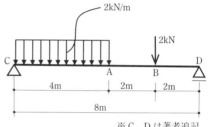

※ C、D は著者追記

解答欄　　▶ 単純梁の反力の求め方の手順

①荷重の単純化　➡　集中荷重

②反力を仮定する。

③$\Sigma M_C = 0$　➡　V_D を求める。

④$\Sigma Y = 0$　➡　V_C を求める。（図式）

⑤A−B間のせん断力 Q_{AB} の絶対値を求める。

⑥A点における曲げモーメント M_A の大きさを求める。

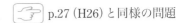

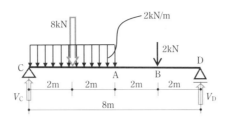

① 荷重の単純化　➡　集中荷重　2kN/m×4m＝8kN

② 反力を仮定する。　⇑ V_C　⇑ V_D

③ $\Sigma M_C = 0$　➡　V_D を求める。

$\Sigma M_C = 8\text{kN} \times 2\text{m} + 2\text{kN} \times 6\text{m} - V_D \times 8\text{m} = 0$

$28\text{kN·m} = V_D \times 8\text{m}$

$V_D = \dfrac{28}{8} = 3.5\text{kN}\ (\uparrow)$

④ $\Sigma Y = 0$　➡　V_C を求める。（図式）

　　$V_C = 6.5\text{KN}\ (\uparrow)$

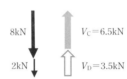

⑤ A−B 間のせん断力 Q_{AB} の**絶対値**を求める。

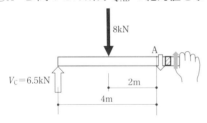

◆A−B 間で梁を握って Q_{AB} を求める。
　$Q_{AB} = 6.5 - 8 = -1.5$

◆握った部材断面の左側は、下向き 1.5kN
　　　　　　　　　　　　右側に上向き 1.5kN
　　　　　　　　　　　のせん断力が生じる。

1.5kN

◆反時計回りは、（−）のせん断力となるが、
　絶対値の符号は必要ない。　　$Q_{AB} = 1.5\text{kN}$

⑥ A 点における曲げモーメントの大きさを求める。

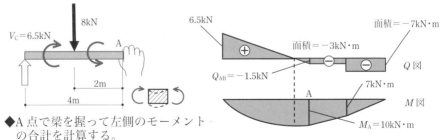

◆A 点で梁を握って左側のモーメント
　の合計を計算する。

◆$M_A = 6.5 \times 4 - 8 \times 2 = 26 - 16 = 10\ (\text{kN·m})\ (\curvearrowleft)$　　$M_A = 10\text{kN·m}$

解答（4）

◆図−1のような荷重を受ける単純梁において、曲げモーメント図が図−2となる場合、荷重 P の大きさとして、**正しいもの**は、次のうちどれか。

1. 1kN
2. 2kN
3. 3kN
4. 4kN
5. 5kN

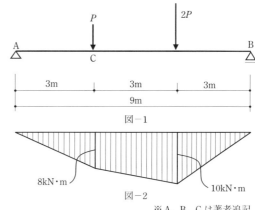

図−1

図−2

8kN・m　　　　　　　　　10kN・m

※A、B、Cは著者追記

解答欄

①反力を仮定する。

②$\Sigma M_A = 0$　➡　V_B を求める。

③$\Sigma Y = 0$　➡　V_A を求める。（図式）

④M 図の勾配から Q_{AC} の値を求める。

⑤$V_A = Q_{AC}$ から P を求める。

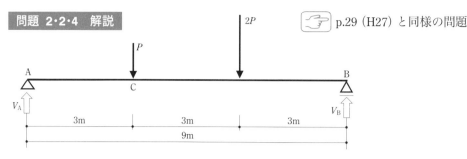

☞ p.29（H27）と同様の問題

◆いつも通り手順に従って反力を求める。

①反力を仮定する。

②$\Sigma M_A = 0$ ➡ V_B を求める。

$$\Sigma M_A = P \times 3 + 2P \times 6 - V_B \times 9 = 0$$

$$V_B = \frac{15P}{9} = \frac{5P}{3} \; (\uparrow)$$

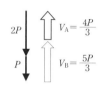

M 図の勾配から Q 図が描ける。

③$\Sigma Y = 0$ ➡ V_A を求める。（図式）

$$V_A = \frac{4P}{3} \; (\uparrow)$$

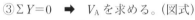

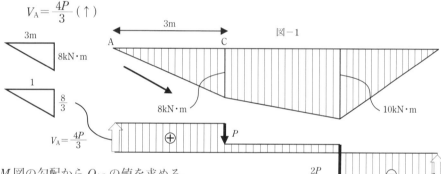

図—1

④M 図の勾配から Q_{AC} の値を求める。

⑤$V_A = Q_{AC}$ から P を求める。

AC 間の M 図の傾きは、下向き、勾配は、$\left(\frac{8}{3}\right)$
従って Q 図は、$+\frac{8}{3}$ kN となる。
この値は、反力 $V_A = \frac{4P}{3}$ と等しいので
$\frac{8}{3}$ kN $= \frac{4P}{3}$ kN ➡ $8 = 4P$

$P = 2\text{kN}$

解答 (2)

M 図勾配から Q 図が描ける。
力の矢印を A 点から B 点までつないで
いくと外力と反力が描ける。
（集中荷重の場合は、途中は水平移動。）

☞ p.26 参照

	Q 図	M 図の勾配
M 図と Q 図 の関係	⊕	↘
	0	→
	⊖	↗

◆図−1のように集中荷重を受ける単純梁を、図−2のような等分布荷重を受けるように荷重条件のみ変更した場合に生じる変化に関する記述のうち、**最も不適当なもの**はどれか。ただし、梁は自重を無視するものとする。

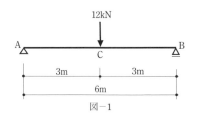

図−1

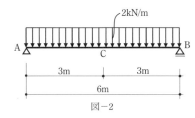

図−2

1.　支点A及びBの反力は、荷重条件変更後も、変わらない。
2.　最大曲げモーメントが、荷重条件変更後に、小さくなる。
3.　C点における**たわみ**が、荷重条件変更後に小さくなる。
4.　軸方向力は、荷重条件変更後も、変わらない。
5.　最大せん断力が荷重条件変更後に、小さくなる。

解答欄

①反力を求める。

②Q図とM図を描く。

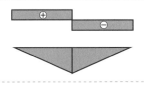
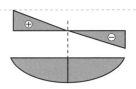

③は、考えなくてよい。

④軸方向力は、作用していない。

⑤②のQ図を参照する。

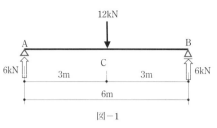

図－1

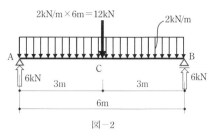

図－2

①反力を求める ➡ 左右対称の構造物に左右対称の荷重が作用しているので、
反力は、6kN ずつとなる。(○)

②*Q* 図と *M* 図を参考に *M* の値を求める。 p.28 参照

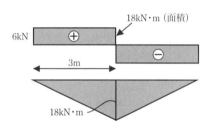

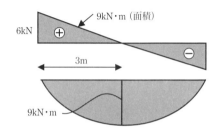

 C 点の左側の Q 図の面積が C 点の
曲げモーメントの大きさとなる。 (○)

③単純梁の中央のたわみの大きさは、**6・3 たわみ** の章で説明する。
集中荷重の中央たわみと等分布荷重の中央たわみの公式は、次のようになる。

◆たわみ $\delta_\mathrm{C} = \dfrac{PL^3}{48EI}$
$= \dfrac{12 \times 6^3}{48EI} = \dfrac{54}{EI}$

◆たわみ $\delta_\mathrm{C} = \dfrac{5wL^4}{384EI}$
$= \dfrac{5 \times 2 \times 6^4}{384EI} = \dfrac{33.75}{EI}$

 この公式は、覚えなくても構わない。また、たわみの問題は解か
なくても他の選択肢を解ければ、この問題は解くことができる。 (○)

④軸方向力は、作用していないので関係ない。(○)
⑤最大せん断力の大きさは、②の図を見ればわかるように、同じになっている。(×)

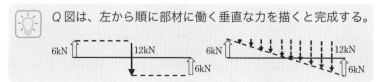 Q 図は、左から順に部材に働く垂直な力を描くと完成する。

解答 (5)

◆図のような荷重を受ける単純梁において、A点の曲げモーメントM_Aの大きさと、A−B間のせん断力のQ_{AB}の**絶対値**との組合せとして、**正しいもの**は、次のうちどれか。

	M_A の大きさ	Q_{AB} の絶対値
1.	40kN・m	10kN
2.	60kN・m	15kN
3.	60kN・m	30kN
4.	120kN・m	15kN
5.	120kN・m	30kN

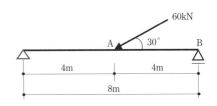

解答欄

①荷重の単純化 ➡ 斜め荷重を分解する。

- -

- -

②反力を仮定する。

- -

- -

③左右対称荷重なので反力計算は必要なし。

- -

- -

④A−B間のせん断力のQ_{AB}の**絶対値**を求める。

- -

- -

⑤A点における曲げモーメントM_Aの大きさを求める。

- -

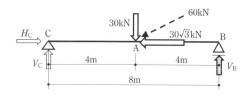

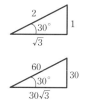

①荷重の単純化 ➡ 斜め荷重を分解する。

②反力を仮定する。 V_C V_B H_C

③左右対称なので反力計算は必要なし。反力は半分。

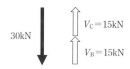

④A−B間のせん断力 Q_{AB} の**絶対値**を求める。

◆A−B間で梁を握って Q_{AB} を求める。$Q_{AB}=15-30=-15$ (kN)

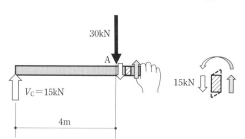

◆握った部材断面の左側は、下向き 15kN、Y 方向の釣り合い ($\Sigma Y=0$) から右側に上向き 15kN のせん断力が生じる。

◆反時計回りは、(−) のせん断力となるが、絶対値に符号は必要ない。

$$\boxed{Q_{AB}=15\text{kN}}$$

⑤A点における曲げモーメント M_A の大きさを求める。

◆A点で梁を握って左側のモーメントの合計を計算する。

◆$M_A=15\times4=60$ (kN·m) (↻)

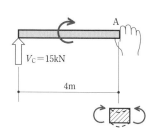

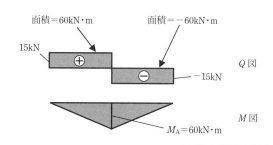

面積=60kN·m

面積=−60kN·m

15kN

$\oplus$

Q 図

-15kN

$\ominus$

M 図

$M_A=60$kN·m

$$\boxed{M_A=60\text{kN·m}}$$

解答 (2)

◆図のような荷重を受ける梁のA点における曲げモーメントの大きさとして、**正しい**ものは、次のうちどれか。

1.　3.0kN・m
2.　6.0kN・m
3.　8.5kN・m
4.　12.0kN・m
5.　16.0kN・m

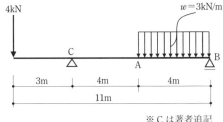

※Cは著者追記

解答欄　　▶単純梁の反力の求め方の手順

①荷重の単純化　➡　集中荷重

②反力を仮定する。

③$\Sigma M_C = 0$　➡　V_B を求める。

④$\Sigma Y = 0$　➡　V_C を図式で求める。

⑤A点における曲げモーメントの大きさを求める。

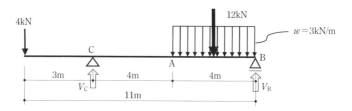

① 荷重の単純化　➡　集中荷重　　3kN/m×4m＝12kN

② 反力を仮定する。　　　⇧V_C　　　⇧V_B

③ $\Sigma M_C = 0$　➡　V_B を求める。

$\Sigma M_C = -4\text{kN}\times 3\text{m} + 12\text{kN}\times 6\text{m} - V_B \times 8\text{m} = 0$

$60\text{kN}\cdot\text{m} = V_B \times 8\text{m}$

$V_B = \dfrac{60}{8} = 7.5\text{kN}\ (\uparrow)$

④ $\Sigma Y = 0$　➡　V_C を図式で求める。

$V_C = 8.5\text{kN}\ (\uparrow)$

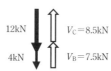

⑤ A 点における曲げモーメントの大きさを求める。

◆A 点で梁を握って左側のモーメントの合計を計算する。

◆$M_A = -4\times 7 + 8.5\times 4 = -28 + 34 = 6\ (\text{kN}\cdot\text{m})\ (\curvearrowleft)$

$\boxed{M_A = 6.0\ (\text{kN}\cdot\text{m})}$

解答（2）

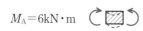

$M_A = 6\text{kN}\cdot\text{m}$

$Q_{AC} = 4.5\text{kN}$

◆M_A＝A 点の左側の Q 図の面積の合計

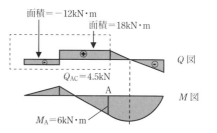

 A 点で部材を握った時に左側の Q の合計が↑、M の合計が$\curvearrowleft$ の時は、（＋）になる。

問題 2・2・8　H27　　　　　　　　正答☑　1□（　）2□（　）3□（　）

◆図のような外力を受ける静定ラーメンにおいて、支点 A、B に生じる鉛直反力 R_A、R_B の値と、C 点に生じる M_C の絶対値との組合せとして、**正しい**ものは、次のうちどれか。ただし、鉛直反力の方向は、上向きを「＋」、下向きを「－」とする。

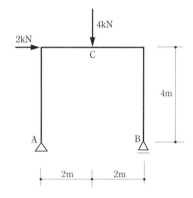

	R_A	R_B	M_C の絶対値
1.	0kN	＋4kN	0kN・m
2.	0kN	＋4kN	8kN・m
3.	－4kN	＋8kN	8kN・m
4.	－4kN	＋8kN	24kN・m
5.	－6kN	＋10kN	24kN・m

解答欄　▶単純梁系ラーメンの反力の求め方の手順

①集中荷重のみなので省略

②反力を仮定する。

③$\Sigma M_A = 0$　➡　R_B を求める。

④$\Sigma Y = 0$　➡　R_A（図式）

⑤$\Sigma X = 0$　➡　H_A（図式）

⑥C 点のモーメント M_C の絶対値を求める。

①集中荷重のみなので省略

②反力を仮定する。

（基本⊕の方向に仮定する。）

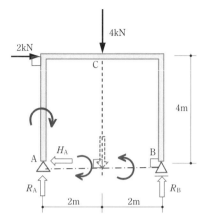

R_A ⇧　　H_A ⇦　　R_B ⇧

H_A は、最初から左向きとわかるので
左向きで仮定する。

p.7 の力のモーメントで学んだ

延長・垂線・移動

の要領で ΣM_A の式を完成させる。

（距離は、すべて支点 A から）

● A 点（左手）で鉛筆を握って右手で力をかけてみる。
時計回りを⊕、反時計回りを⊖として計算する。
（答えが⊖の場合は、仮定した向きと逆になる。）

💡 H_A は、最初から
左向きとわかる。

③$\Sigma M_A =$ ⤸ ＋ ⤸ $-R_B \times \square = 0$（□は、A 点から R_B までの距離）
この式に代入すると

$\Sigma M_A = 2\text{kN} \times 4\text{m} + 4\text{kN} \times 2\text{m} - R_B \times 4\text{m} = 0$ $\boxed{R_B = +4\text{kN}}$

④$\Sigma Y = 0$ ➡ R_A（図式） $\boxed{R_A = 0\text{kN}}$

⑤$\Sigma X = 0$ ➡ H_A（図式） $H_A = 2\text{kN}$（←）

4kN ↓　⇧ $R_B = 4\text{kN}$（↑）

2kN ➡ ⇦ $H_A = 2\text{kN}$（←）

⑥C 点で梁を握って左側のモーメント
の合計を計算する。

◆$M_C = 2 \times 4 = 8$（kN・m）（↺）

$\boxed{M_C = 8\text{kN·m}}$

💡 $R_A = 0$、2kN は C 点を通るので
モーメントは、0 になる。

解答（2）

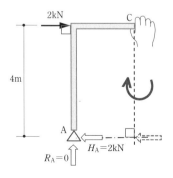

$R_A = 0$ ⇧　$H_A = 2\text{kN}$

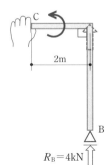

2m

$R_B = 4\text{kN}$ ⇧

💡 C 点の右側のモーメント
を計算しても絶対値は、
等しい。モーメントは、
反時計回りになる。

$M_C = -4 \times 2$

$= -8\text{kN·m}$（↶）

絶対値は 8kN・m（↺）

◆図のような外力を受ける静定ラーメンにおいて、支点 A、B に生じる鉛直反力 R_A、R_B の値と、C 点に生じる Q_C の絶対値との組合せとして、**正しいもの**は、次のうちどれか。ただし、鉛直反力の方向は、上向きを「＋」、下向きを「−」とする。

	R_A	R_B	Q_C の絶対値
1.	−4kN	＋4kN	4kN
2.	−4kN	＋4kN	8kN
3.	＋4kN	−4kN	4kN
4.	＋4kN	−4kN	8kN
5.	＋4kN	＋4kN	8kN

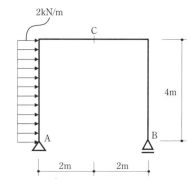

解答欄　▶ 単純梁系ラーメンの反力の求め方の手順

①等分布荷重を集中荷重にする。

②反力を仮定する。

③$\Sigma M_A = 0$　➡　R_B を求める。

④$\Sigma Y = 0$　➡　R_A（図式）

⑤$\Sigma X = 0$　➡　H_A（図式）

⑥Q_C の絶対値を求める。

①等分布荷重を集中荷重にする。

②反力を仮定する。

（基本⊕の方向に仮定する。）

R_A ⇧　H_A ⇦　R_B ⇧

H_A は、最初から左向きとわかるので
左向きで仮定する。

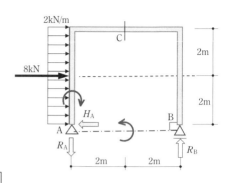

③$\Sigma M_A=0$ ➡ R_B を求める。

$\Sigma M_A=8\text{kN}\times2\text{m}-R_B\times4\text{m}=0$

$$\boxed{R_B=+4\text{kN}（↑）}$$

④$\Sigma Y=0$ ➡ R_A（図式） $\boxed{R_A=-4\text{kN}（↓）}$ 下向きは、「−」

$R_A=4\text{kN}（↓）$⇩　⇧$R_B=4\text{kN}（↑）$

⑤$\Sigma X=0$ ➡ H_A（図式） $H_A=8\text{kN}（←）$

→ ⇦$H_A=8\text{kN}（←）$
8kN

⑥Q_C の絶対値を求める。

◆C 点で梁を握って右側だけを考える。

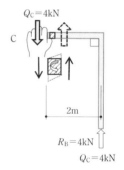

◆握った部材断面の右側は、上向き 4kN、
Y 方向の釣り合い（$\Sigma Y=0$）から左側に
下向き 4kN のせん断力が生じる。

$Q_C=-4\text{kN}$

◆反時計回りは、（−）のせん断力となるが、
絶対値に符号は必要ない。 $\boxed{Q_C=4\text{kN}}$

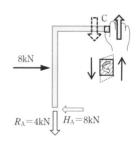

◆勿論、C 点で梁を握って左側だけを考え
ても同じ結果となる。

$Q_C=-4\text{kN}$

絶対値に符号は必要ないので $Q_C=4\text{kN}$

 C 点のせん断力に関係するのは、梁に垂直
な力 $R_A=-4\text{kN}$ のみとなる。

解答（1）

◆図のような外力を受ける3ヒンジラーメンにおいて、支点A、Bに生じる水平反力 H_A、H_B の値と、C-D間のせん断力 Q_{CD} の絶対値との組合せとして、**正しいもの**は、次のうちどれか。ただし、水平反力の方向は、左向きを「+」とする。

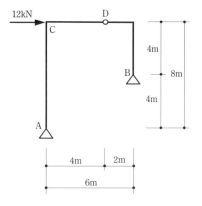

	H_A	H_B	Q_{CD} の絶対値
1.	+3kN	+9kN	6kN
2.	+3kN	+9kN	8kN
3.	+4kN	+8kN	8kN
4.	+4kN	+8kN	12kN
5.	+6kN	+6kN	12kN

解答欄　◆反力を四つ仮定する。

① $\Sigma M_{D右}=0$ の式をたてる。

② $\Sigma M_A=0$ の式をたてる。

③連立方程式①式+②式　➡　V_B を求める。

④ V_B を①式に代入する。　➡　H_B

⑤ $\Sigma Y=0$　➡　V_A（図式）

⑥ $\Sigma X=0$　➡　H_A（図式）

⑦ Q_{CD} の絶対値を求める。（図式）

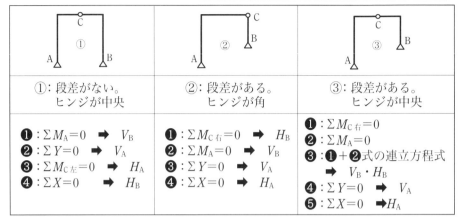

①	②	③
①：段差がない。 ヒンジが中央	②：段差がある。 ヒンジが角	③：段差がある。 ヒンジが中央
❶：$\Sigma M_A=0$ ➡ V_B ❷：$\Sigma Y=0$ ➡ V_A ❸：$\Sigma M_{C左}=0$ ➡ H_A ❹：$\Sigma X=0$ ➡ H_B	❶：$\Sigma M_{C右}=0$ ➡ H_B ❷：$\Sigma M_A=0$ ➡ V_B ❸：$\Sigma Y=0$ ➡ V_A ❹：$\Sigma X=0$ ➡ H_A	❶：$\Sigma M_{C右}=0$ ❷：$\Sigma M_A=0$ ❸：❶+❷式の連立方程式 　➡ $V_B \cdot H_B$ ❹：$\Sigma Y=0$ ➡ V_A ❺：$\Sigma X=0$ ➡H_A

◆この問題は、③のパターンなので、連立方程式を解かなければならない。
（水平反力 H_A、H_B は、左向き「＋」で仮定する。）

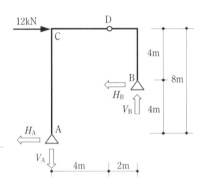

❶：$\Sigma M_{D右}=0$

　　$\Sigma M_{D右}=-V_B \times 2m + H_B \times 4m=0$

❷：$\Sigma M_A=0$

　　$\Sigma M_A=12kN \times 8m - \boldsymbol{V_B \times 6m} - \boldsymbol{H_B \times 4m}=0$
　　　　　　　　　　　　ここが0になるようにする。

❸：❶＋❷

　　　　　　　$-V_B \times 2m$ ┊$+H_B \times 4m$┊$=0$
　＋) $12kN \times 8m - V_B \times 6m$ ┊$-H_B \times 4m$┊$=0$

　　　$12kN \times 8m - V_B \times 8m=0$

　　　$96kN \cdot m = V_B \times 8m$　　　$V_B=12kN$（↑）

❹：$V_B=12kN$ を❶式に代入　$\Sigma M_{D右}=-12 \times 2m + H_B \times 4m=0$

❺：$\Sigma Y=0$ ➡ V_A（図式）

❻：$\Sigma X=0$ ➡ H_A（図式）

❼：Q_{CD} の絶対値を求める。

$H_B=+6kN$（←）
$V_A=12kN$（↓）
$H_A=+6kN$（←）

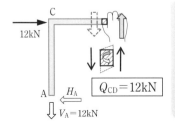

$Q_{CD}=12kN$

C−D 間で梁を握って左側だけを考える。
握った左側に下向き 12kN、Y 方向の釣り合い
（$\Sigma Y=0$）から右側に上向き 12kN が生じる。
C−D 間のせん断力に関係するのは、梁に垂直
な力 $V_A=12kN$ のみ、反時計回りは、（−）のせ
ん断力となるが、絶対値に符号は必要ない。

解答（5）

◆図のような外力を受ける静定ラーメンにおける曲げモーメント図の形として、**正しいもの**は、次のうちどれか。ただし、曲げモーメント図は、材の引張側に描くものとする。

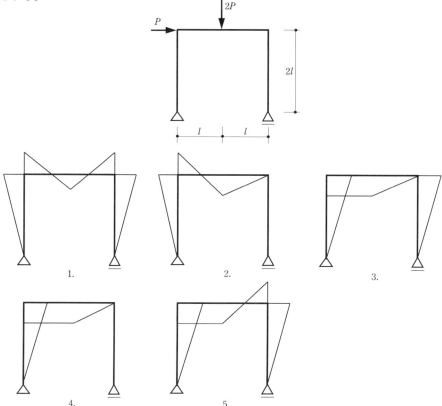

1.　2.　3.

4.　5.

解答欄

❶構造物の変形から解く方法

❷反力 ➡ Q 図 ➡ M 図と、順に解いていく方法

　①反力を求める。

　②Q 図を描く。

　③M 図を描く。

❶ 構造物の変形から解く方法

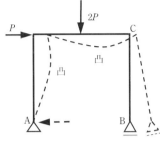

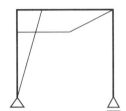

◆針金で作成したラーメンに指で力をかけた
　状態を想像する。
◆針金が膨らんだ方（凸）が引張側で、曲げモ
　ーメントが表現される。
◆ピン（△）は、移動せずに回転する。
◆ローラー（△）は、移動も回転もする。
◆B点は△なので $H_B=0$
　BC材には、Qは生じない。
　BC材には、Mも生じない。
以上の条件をクリアするのは、4番となる。

解答（4）

💡 複雑な荷重条件の場合は、この手法では
　問題を解くのが困難なケースもある。

❷ 反力 ➡ Q図 ➡ M図と、順に解いていく方法

①反力を求める。

$\Sigma M_A=P\times2l+2P\times l-V_B\times2l=0$

$4P\times l=V_B\times2l$　　$V_B=2P\ (\uparrow)$

$\Sigma Y=0$　　$V_A=0$

$\Sigma X=0$　　$H_A=P\ (\leftarrow)$

②Q図を描く。

・柱のせん断力A点 ➡ H_A ➡ P

・梁のせん断力 $2P$ ➡ V_B

◆柱も梁も0からスタートして0で終わる。

◆Q図の完成（外は⊕、内は⊖）

③M図を描く。

◆Q図の値がM図の勾配を表す。（⊕は内向き、0は水平、⊖は外向き）

◆M図も0からスタートして0で終わる。

◆Q図の面積がM図の値になる。

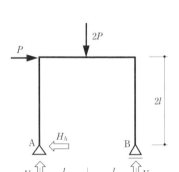

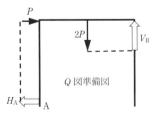

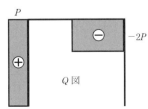

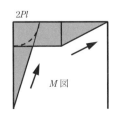

◆図のような曲げモーメント図となる静定ラーメンにおいて、受けている外力の大きさとして、**正しいもの**は、次のうちどれか。ただし、曲げモーメント図は、材の引張側に描くものとする。

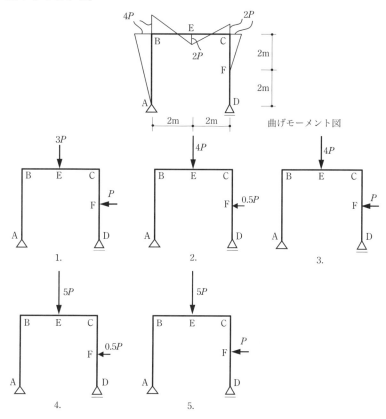

曲げモーメント図

1. 2. 3.

4. 5.

解答欄

◆M図 ➡ Q図 ➡ 荷重と、順に解いていく方法

①M図の勾配を求める。

②M図の勾配からQ図を描く。

③Q図から荷重図を描く。

④荷重図から外力と反力を求める。

◆M図 ➡ Q図 ➡ 荷重と、順に解いていく方法

❶M図の勾配を求める。

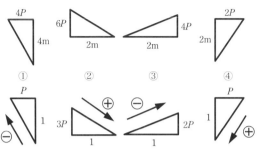

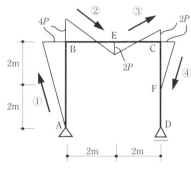

❷M図の勾配からQ図を描く。

 ラーメンの内に向かった場合は、⊕
ラーメンの外に向かった場合は、⊖

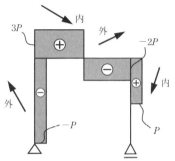

❸Q図から荷重図を描く。

◆柱から描く。①～⑦へ順に描く。
　②～③、③～④は、力を移行する。

◆次に梁を描く。⑧～⑬へ順に描く。
　反力3Pと2Pは、⑧と⑬に移行して
　いると考える。

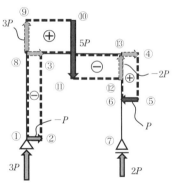

❹荷重図から外力と反力を求める。

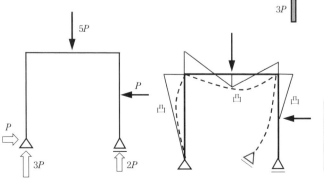

解答 (5)

構造物の変形
から外力の位
置の想像はつ
く。

◆図−1は、鉛直方向に外力を受ける静定ラーメンであり、その曲げモーメント図は、図−2のように表せる。図1の静定ラーメンに水平方向の外力が加わった図−3の静定ラーメンの曲げモーメント図として、**正しいもの**は、次のうちどれか。ただし、曲げモーメント図は材の引張側に描くものとする。

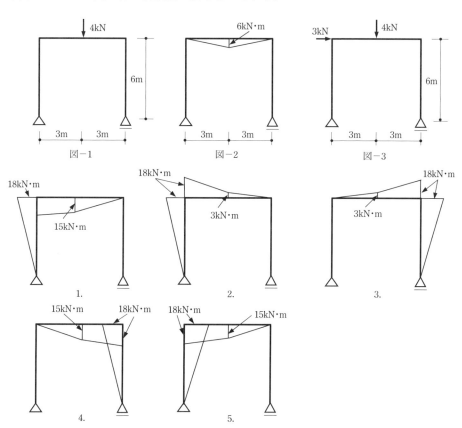

解答欄

❶構造物の変形から解く方法

❷反力 ➡ Q図 ➡ M図と、順に解いていく方法

①反力を求める。

②Q図を描く。

③M図を描く。

❶ 構造物の変形から解く方法

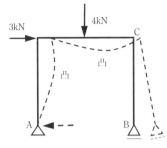

◆針金で作成したラーメンに指で力をかけた状態を想像する。

◆針金が膨らんだ方 (凸) が引張側で、曲げモーメントが表現される。

◆ピン (△) は、移動せずに回転する。

◆ローラー (△) は、移動も回転もする。

◆B点は△なので $H_B=0$
BC材には、Q は生じない。
BC材には、M も生じない。

以上の条件をクリアするのは、5番となる。

解答 (5)

💡 複雑な荷重条件の場合は、この手法では問題を解くのが困難なケースもある。

❷ 反力 ➡ Q 図 ➡ M 図と、順に解いていく方法

①反力を求める。

$\Sigma M_A = 3 \times 6 + 4 \times 3 - V_B \times 6 = 0$

$30 = V_B \times 6$ 　　　　$V_B = 5\text{kN} \ (\uparrow)$

$\Sigma Y = 0$ (図式) 　　　$V_A = 1\text{kN} \ (\downarrow)$

$\Sigma X = 0$ (図式) 　　　$H_A = 3\text{kN} \ (\leftarrow)$

②Q 図を描く。

・柱のせん断力 A点 　➡ 　H_A 　➡ 　3kN

・梁のせん断力 1kN 　➡ 　4kN 　➡ 　V_B

◆柱も梁も 0 からスタートして 0 で終わる。

◆Q 図の完成 (外は⊕、内は⊖)

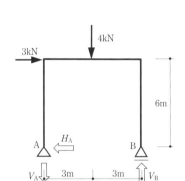

③M 図を描く。

◆Q 図の値が M 図の勾配を表わす。(⊕は内向き、0 は水平、⊖は外向き)

◆M 図も 0 からスタートして 0 で終わる。

◆Q 図の面積が M 図の値になる。

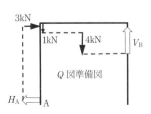

Q 図準備図

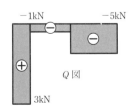

Q 図

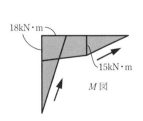

M 図

◆図のような外力を受ける3ヒンジラーメンにおいて、支点A、Eに生じる鉛直反力 V_A、V_E と水平反力 H_A、H_E の値、B−C間でせん断力が0になる点のB点からの距離 x の組み合わせとして、正しいものは、次のうちどれか。ただし、鉛直反力の方向は上向きを「+」、下向きを「−」とし、水平反力の方向は右向きを「+」、左向きを「−」とする。

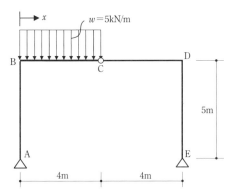

	V_A	V_E	H_A	H_E	x
1.	+5kN	+15kN	−4kN	+4kN	2m
2.	+5kN	+15kN	+4kN	+4kN	2m
3.	+15kN	+5kN	+4kN	−4kN	3m
4.	+15kN	+4kN	+5kN	+4kN	3m
5.	+15kN	+5kN	+5kN	−4kN	4m

解答欄　　▶ スリーヒンジラーメンの反力の手順

①等分布荷重→集中荷重

②反力を仮定する。

③$\Sigma M_A = 0$　➡　V_E

④$\Sigma Y = 0$　➡　V_A（図式）

⑤$\Sigma M_{C右} = 0$　➡　H_E

⑥$\Sigma X = 0$　➡　H_A（図式）

⑦BC間のせん断力図を描く。

⑧$Q = 0$ となるB点からの距離を求める。

①等分布荷重→集中荷重
②反力を仮定する。
③段差がないラーメンなので
　　$\Sigma M_A=0$ ➡ V_E を求める。
　　$\Sigma M_A=20\text{kN}\times2\text{m}-V_E\times8\text{m}=0$
　　$V_E=5\text{kN}$（↑）
　　$\boxed{V_E=+5\text{kN}}$

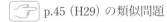

④$\Sigma Y=0$ ➡ V_A
　　$V_A=15\text{kN}$（↑）
　　$\boxed{V_A=+15\text{kN}}$

⑤$\Sigma M_{C\,fi}=0$ ➡ H_E
　　$\Sigma M_{C\,fi}=-5\text{kN}\times4\text{m}+H_E\times5\text{m}=0$
　　$H_E=4\text{kN}$（←）
　　左向きなので
　　$\boxed{H_E=-4\text{kN}}$

⑥$\Sigma X=0$ ➡ H_A（図式）
　　$H_A=4\text{kN}$（→）
　　$\boxed{H_A=+4\text{kN}}$

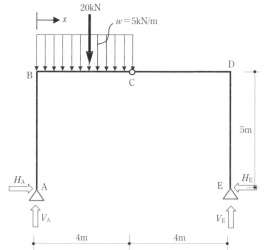
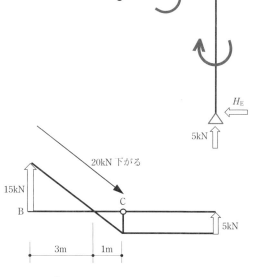

⑦BC 間のせん断力図を描く。
　●BC 間のせん断力図は、一次直線になる。
　●反力 $V_A=15\text{kN}$ が、B 点にかかると考える。

⑧$Q=0$ となる B 点からの距離を求める。
　◆Q 図の三角形（相似形）の比率は、**3：1**
　従って、$Q=0$ となるのは、
　B 点から **3m** となる。　$\boxed{x=3\text{m}}$

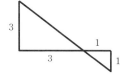

解答（3）

54

3章

断面の性質

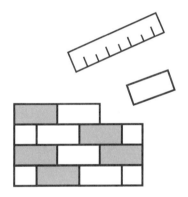

◆断面の性質（力学的特性）

建築を学んでいる皆さんにとっては、次に挙げたことは周知のことだと思います。

　　①木造の梁の形が縦長に使われていること。

　　②木造住宅の耐力壁はＸＹ方向に均等に配置すること。

　　③RC造の梁のスパンが大きくなると梁せいは大きくなること。

しかし、これらのことは、部材断面の形や材質などによって異なります。この章においては、それらを知るための準備として、断面の力学的特性を表す数値を求めていきます。

図心、重心、剛心すべて意味が違うが、図心とは、A図の中心位置である。
しかし、B図のような形になると単純に中心位置にはならない。
図心位置は、B図のように移動する。

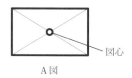

A図

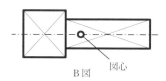

B図

❶ 断面一次モーメントと図心

　図心を求めるには、断面一次モーメントを使用する。

　★2年に一度は出題されている問題なので、必ずマスターすること。

> 断面一次モーメント＝（断面積 × 断面の図心位置から各軸までの距離）の総和

❷ 面積・断面一次モーメントから図心を求める

▶ 図心を求める手順

例題ー1

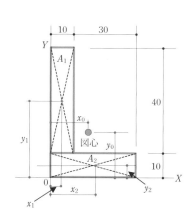

①各長方形の面積を求める。

$A_1 = 10 \times 40 = 400 \ (\text{mm}^2)$

$A_2 = 10 \times 40 = 400 \ (\text{mm}^2)$

②面積の合計を求める。

$A = A_1 + A_2 = 800 \ (\text{mm}^2)$

③X軸に関する断面一次モーメントを求める。

$Sx = A_1 \cdot y_1 + A_2 \cdot y_2$

$= 400 \times 30 + 400 \times 5 = 14000 \ (\text{mm}^3)$

④Y軸に関する断面一次モーメントを求める。

$Sy = A_1 \cdot x_1 + A_2 \cdot x_2$

$= 400 \times 5 + 400 \times 20 = 10000 \ (\text{mm}^3)$

⑤図心位置を求める。$\left(\dfrac{\text{断面一次モーメント}}{\text{面積の合計}} \right)$

$x_0 = \dfrac{Sy}{A} = \dfrac{10000}{800} = \boxed{12.5 \ (\text{mm})}$

$y_0 = \dfrac{Sx}{A} = \dfrac{14000}{800} = \boxed{17.5 \ (\text{mm})}$

$x_0 = \dfrac{Sy}{A}$

$y_0 = \dfrac{Sx}{A}$

例題−2 次の L 型断面の図心の位置 (x_0, y_0) を求めよ。

① 各長方形の面積を求める。
$A_1 = 20 \times 80 = 1600 \ (mm^2)$
$A_2 = 20 \times 80 = 1600 \ (mm^2)$

② 面積の合計を求める。
$A = A_1 + A_2 = 3200 \ (mm^2)$

③ X 軸に関する断面一次モーメントを求める。
$Sx = A_1 \cdot y_1 + A_2 \cdot y_2$
$\quad = 1600 \times 90 + 1600 \times 40 = 208000 \ (mm^3)$

④ Y 軸に関する断面一次モーメントを求める。
$Sy = A_1 \cdot x_1 + A_2 \cdot x_2$
$\quad = 1600 \times 40 + 1600 \times 70 = 176000 \ (mm^3)$

⑤ 図心位置を求める。

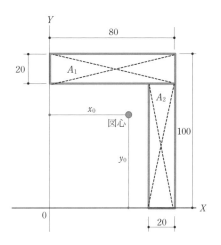

単位（mm）

$x_0 = \dfrac{Sy}{A} = \dfrac{176000}{3200} = \boxed{55 \ (mm)}$

$y_0 = \dfrac{Sx}{A} = \dfrac{208000}{3200} = \boxed{65 \ (mm)}$

例題−3 次の断面の図心の位置 (X_0, Y_0) を求めよ。（答えは、少数第一位）

① 各長方形の面積を求める。
$A_1 = 20 \times 80 = 1600 \ (mm^2)$
$A_2 = 60 \times \dfrac{30}{2} = 900 \ (mm^2)$

② 面積の合計を求める。
$A = A_1 + A_2 = 2500 \ (mm^2)$

③ X 軸に関する断面一次モーメントを求める。
$Sx = A_1 \cdot y_1 + A_2 \cdot y_2$
$\quad = 1600 \times 40 + 900 \times 10 = 73000 \ (mm^3)$

④ Y 軸に関する断面一次モーメントを求める。
$Sy = A_1 \cdot x_1 + A_2 \cdot x_2$
$\quad = 1600 \times 10 + 900 \times 40 = 52000 \ (mm^3)$

⑤ 図心位置を求める。

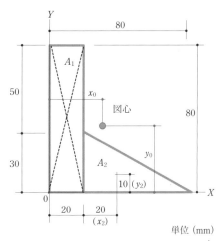

単位（mm）

★三角形の重心は $\dfrac{1}{3}$

$x_0 = \dfrac{Sy}{A} = \dfrac{52000}{2500} = \boxed{20.8 \ (mm)}$

$y_0 = \dfrac{Sx}{A} = \dfrac{73000}{2500} = \boxed{29.2 \ (mm)}$

断面の性質（確認事項）

◆図心を求める手順

①各長方形の面積を求める。

②面積の合計を求める。

$$A = A_1 + A_2 + \cdots$$

③X軸に関する断面一次モーメントを求める。

$$Sx = A_1 \cdot y_1 + A_2 \cdot y_2 + \cdots$$

④Y軸に関する断面一次モーメントを求める。

$$Sy = A_1 \cdot x_1 + A_2 \cdot x_2 + \cdots$$

⑤図心位置を求める。

$$x_0 = \frac{Sy}{A}$$
$$y_0 = \frac{Sx}{A}$$

問題 3·1·1　　H26　　　　　　　　正答☑　1□（　）　2□（　）　3□（　）

◆図のような L 形断面において、図心の座標 (x_0, y_0) の値として、**正しい**ものは、次のうちどれか。ただし、$x_0 = \dfrac{Sy}{A}$、$y_0 = \dfrac{Sx}{A}$ であり、Sx、Sy は、それぞれ X 軸、Y 軸まわりの断面一次モーメント、A は全断面積を示すものとする。

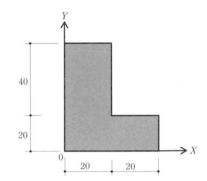

	x_0 (mm)	y_0 (mm)
1.	15	20
2.	15	25
3.	18	20
4.	20	18
5.	25	15

（単位は mm とする。）

解答欄　　▶ 図心を求める手順

①各長方形の面積を求める。

　$A_1 =$

　$A_2 =$

②面積の合計を求める。

　$A =$

③X 軸に関する断面一次モーメントを求める。

　$Sx =$

④Y 軸に関する断面一次モーメントを求める。

　$Sy =$

⑤図心位置を求める。

　$x_0 =$

　$y_0 =$

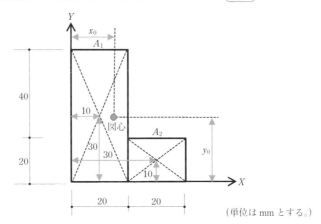

（単位は mm とする。）

①各長方形の面積を求める。

$A_1 = 20 \times 60 = 1200$ (mm²)

$A_2 = 20 \times 20 = 400$ (mm²)

②面積の合計を求める。

$A = A_1 + A_2 = 1600$ (mm²)

③X 軸に関する断面一次モーメントを求める。

$Sx = A_1 \cdot y_1 + A_2 \cdot y_2$

　　$= 1200 \times 30 + 400 \times 10 = 40000$ (mm³)

④Y 軸に関する断面一次モーメントを求める。

$Sy = A_1 \cdot x_1 + A_2 \cdot x_2$

　　$= 1200 \times 10 + 400 \times 30 = 24000$ (mm³)

⑤図心位置を求める。

$x_0 = \dfrac{Sy}{A} = \dfrac{24000}{1600} = \boxed{15 \text{ (mm)}}$

$y_0 = \dfrac{Sx}{A} = \dfrac{40000}{1600} = \boxed{25 \text{ (mm)}}$

解答 (2)

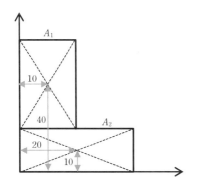

 長方形の分け方は、自由である。どのような分け方をしても答えは、同じである。

◆図のような断面において、図心の座標 (x_0, y_0) の値として、**正しいもの**は、次のうちどれか。ただし、$x_0 = \dfrac{Sy}{A}$、$y_0 = \dfrac{Sx}{A}$ であり、Sx、Sy は、それぞれ X 軸、Y 軸まわりの断面一次モーメント、A は全断面積を示すものとする。

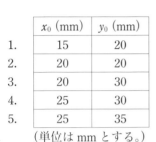

	x_0 (mm)	y_0 (mm)
1.	15	20
2.	20	20
3.	20	30
4.	25	30
5.	25	35

（単位は mm とする。）

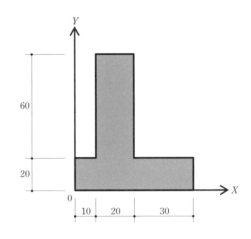

解答欄 ▶ 図心を求める手順

①各長方形の面積を求める。

　　$A_1 =$

　　$A_2 =$

②面積の合計を求める。

　　$A =$

③ X 軸に関する断面一次モーメントを求める。

　　$Sx =$

④ Y 軸に関する断面一次モーメントを求める。

　　$Sy =$

⑤図心位置を求める。

　　$x_0 =$

　　$y_0 =$

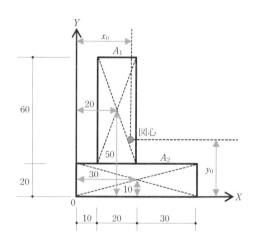

（単位は mm とする。）

①各長方形の面積を求める。

$A_1 = 20 \times 60 = 1200$ （mm²）

$A_2 = 20 \times 60 = 1200$ （mm²）

②面積の合計を求める。

$A = A_1 + A_2 = 2400$ （mm²）

③X 軸に関する断面一次モーメントを求める。

$Sx = A_1 \cdot y_1 + A_2 \cdot y_2$

$\quad = 1200 \times 50 + 1200 \times 10 = 72000$ （mm³）

④Y 軸に関する断面一次モーメントを求める。

$Sy = A_1 \cdot x_1 + A_2 \cdot x_2$

$\quad = 1200 \times 20 + 1200 \times 30 = 60000$ （mm³）

⑤図心位置を求める。

$x_0 = \dfrac{Sy}{A} = \dfrac{60000}{2400} = \boxed{25 \text{（mm）}}$

$y_0 = \dfrac{Sx}{A} = \dfrac{72000}{2400} = \boxed{30 \text{（mm）}}$

解答（4）

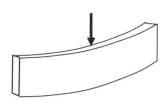
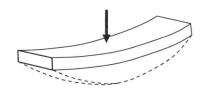

同じ部材でも横長に配置した右側の方が曲がりやすいのは、理解できると思います。
断面二次モーメントとは、部材の曲げ、たわみ、座屈などの変形に関係した係数です。

> 図心軸 $(X-X)$ に関する断面二次モーメント $I_x = \dfrac{bh^3}{12}$

$I_x=$ 微少面積 $(b \times dy) \times y^2$ （図心軸までの距離の二乗）の合計 ➡ 積分で解く。

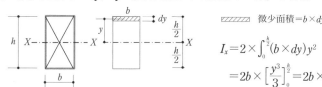

$$I_x = 2 \times \int_0^{\frac{h}{2}} (b \times dy) y^2$$
$$= 2b \times \left[\frac{y^3}{3} \right]_0^{\frac{h}{2}} = 2b \times \frac{\left(\frac{h^3}{8}\right)}{3} = \frac{bh^3}{12}$$

★この積分の式は、覚えなくてよい。

断面二次モーメントとは、材の曲げにくさを表わす係数である。

例題−1 次の断面の X 軸、Y 軸に関する断面二次モーメントを求めよ。

> 💡 図心軸が X 軸（Y 軸）を通る場合は、加算・減算が可能

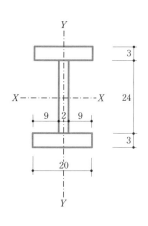

◆X 軸に関する断面二次モーメント
図心が X 軸を通るので
減算が可能である。

$$I_x = I_x A - 2 \times I_x B$$
$$I_x = 20 \times \frac{30^3}{12} - 2 \times 9 \times \frac{24^3}{12} = \boxed{24264 \ (\text{mm}^4)}$$

図心が Y 軸を通るので
加算が可能である。

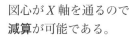
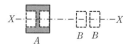

$$I_y = I_y A + 2 \times I_y B$$
$$I_y = 24 \times \frac{2^3}{12} + 2 \times 3 \times \frac{20^3}{12} = \boxed{4016 \ (\text{mm}^4)}$$

◆図心軸が X 軸（Y 軸）を通らない場合は、**加算・減算**はできません。

◆複数の断面の場合、まず、断面一次モーメントを使って図心を求めます。

次にその全体の図心軸と各長方形の図心軸のずれ（y_0）を考えた公式を使います。

$$I_{x_0} = \frac{bh^3}{12} + A \cdot y_0{}^2$$

計算量が多くなるので、二級建築士の試験には出題されたことはありません。
ここは、省略していただいて結構です。今後、出題されるかもしれないので紹介して
おきます。

例題－2　次の断面の図心 G を通る水平な X_0 軸に対する断面二次モーメント I_{X_0} を
求める。

①図心（y_0）を求める。

$A_1 = 90 \times 20 = 1800$（mm²）

$A_2 = 30 \times 60 = 1800$（mm²）

$A = A_1 + A_2 = 3600$（mm²）

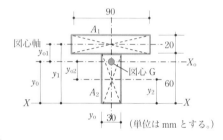

（単位は mm とする。）

$Sx = A_1 \cdot y_1 + A_2 \cdot y_2$

$\quad = 1800 \times 70 + 1800 \times 30 = 180000$（mm³）

$y_0 = \dfrac{Sx}{A} = \dfrac{180000}{3600} = 50$（mm）

②図心軸から離れた平行軸に関しての断面二次モーメントを求める。

$$I_{X_0} = \frac{bh^3}{12} + A \cdot y_0{}^2$$

③図心軸から離れた二つの長方形の断面二次モーメントを求める。

$$I_{X_0} = \frac{bh^3}{12} + A \cdot y_{o1}{}^2 + \frac{bh^3}{12} + A \cdot y_{o2}{}^2$$

$$I_{X_0} = I_{X_1} + I_{X_2} = \left(\frac{90 \times 20^3}{12} + 1800 \times 20^2 \right) + \left(\frac{30 \times 60^3}{12} + 1800 \times 20^2 \right)$$

$$= 2040000 \text{（mm}^4\text{）} = 2.04 \times 10^6 \text{（mm}^4\text{）}$$

> 図心軸 X_0 と $A_1 \cdot A_2$ の軸との間隔は、20mm なので
> $y_{o1} = y_{o2} = 20$mm となる。

◆図のような断面の X 軸及び Y 軸に関する断面二次モーメントをそれぞれ I_X、I_Y とした とき、それらの比 $I_X : I_Y$ として、**正しい**ものは、次のうちどれか。

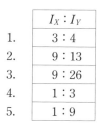

	$I_X : I_Y$
1.	$3 : 4$
2.	$9 : 13$
3.	$9 : 26$
4.	$1 : 3$
5.	$1 : 9$

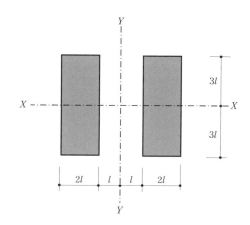

解答欄

① I_X を求める。（図心が X 軸を通れば加算が可能）

② I_Y を求める。（図心が Y 軸を通れば減算が可能）

③ $I_X : I_Y$ を求める。

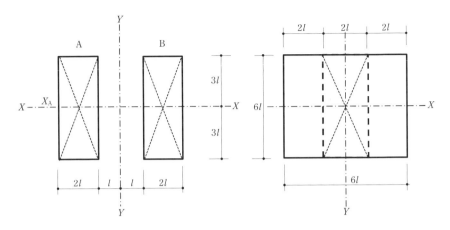

① I_X を求める。

◆図心が X 軸を通るので単純に加算が可能。

◆$I_X = I_{XA} \times 2$

$$I_X = 2l \times \frac{(6l)^3}{12} \times 2$$
$$= \frac{12 \times 36 \times l^4}{12} \times 2$$
$$= 36 \times l^4 \times 2 = 72 \times l^4$$

$$I_X = \frac{bh^3}{12}$$

② I_Y を求める。

◆図心が Y 軸を通るので減算が可能。

$$I_Y = \underset{Y_A}{\boxed{}} - (-) \cdot \underset{Y_B}{\boxed{}} \quad \overset{b}{\underset{h}{}}$$

◆$I_Y = I_{YA} - I_{YB}$

$$I_Y = 6l \times \frac{(6l)^3}{12} - 6l \times \frac{(2l)^3}{12}$$
$$= \frac{36 \times 36 \times l^4}{12} - \frac{48 \times l^4}{12} = 104 \times l^4$$

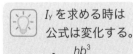

I_Y を求める時は
公式は変化する。

$$I_Y = \frac{hb^3}{12}$$

③ $I_X : I_Y$ を求める。

$72 : 104 = 8 \times 9 : 8 \times 13 = \boxed{9 : 13}$

解答 (2)

◆図のような断面A及び断面Bにおいて、X軸に関する断面二次モーメントの値の差の絶対値として、**正しいもの**は、次のうちどれか。

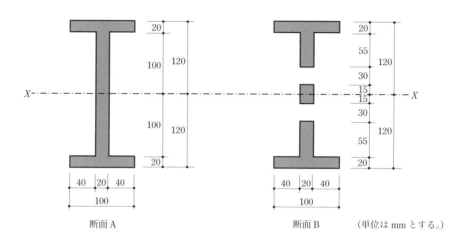

断面A　　　　　　　断面B　　　　(単位はmmとする。)

1.　240×10³mm⁴
2.　585×10³mm⁴
3.　1,170×10³mm⁴
4.　1,215×10³mm⁴
5.　2,340×10³mm⁴

解答欄

①空洞部分の I_X を求める。

◆図心が X 軸を通る場合は、単純に減算が可能となる。

I_X の差を求める問題

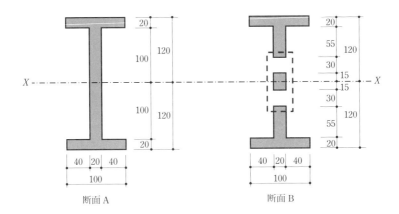

断面 A   断面 B

①空洞部分の I_X を求める。

◆図心が X 軸を通るので単純に減算が可能。

破線の空洞部分の $I_X =$ □ － ■ = □

◆破線の空洞部分の $I_X = \dfrac{20 \times 90^3}{12} - \dfrac{20 \times 30^3}{12}$

$$= \dfrac{20 \times (90^3 - 30^3)}{12}$$

$$= \dfrac{2 \times (9^3 - 3^3) \times 10^4}{12}$$

$$= \dfrac{(729 - 27) \times 10^4}{6}$$

$$= 117 \times 10^4 = \boxed{1170 \times 10^3 \,(\text{mm}^4)}$$

💡 $90^3 = 9 \times 10^3$

解答（3）

68

◆図のような断面における X 軸に関する断面二次モーメントの値として、**正しいもの**は、次のうちどれか。

1. 251.5cm^4
2. 433.0cm^4
3. 540.0cm^4
4. 796.0cm^4
5. 978.0cm^4

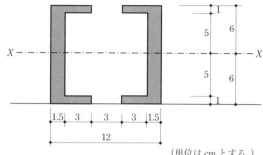

（単位は cm とする。）

①I_X を求める。

◆図心が X 軸を通る場合は、単純に減算が可能となる。

問題 3・2・3　解説

 p.67（H27）と同様の問題

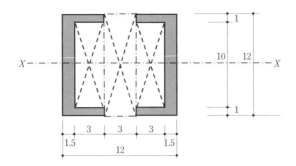

①I_X を求める。

◆図心が X 軸を通るので単純に減算が可能。

> 全体の I_x から破線部の空洞部分を減算する。

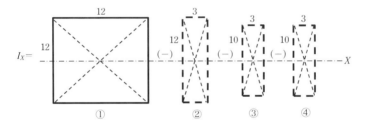

◆$I_X = I_{X①} - I_{X②} - I_{X③} - I_{X④}$

◆$I_X = \dfrac{12 \times 12^3}{12} - \dfrac{3 \times 12^3}{12} - \dfrac{3 \times 10^3}{12} \times 2$

$= 12^3 - 3 \times 12^2 - \dfrac{10^3}{2}$

$= 1728 - 432 - 500$

$= \boxed{796.0 \ (\text{cm}^4)}$

> 分数は、なるべく簡単な形にまとめておく。
> $\dfrac{3 \times 12^3}{12} \implies 3 \times 12^2$

解答（4）

◆図のような形状の等しい断面 A 及び断面 B において、図心を通る X 軸に関する断面二次モーメントの値の組合せとして、**正しいもの**は、次のうちどれか。ただし、小数点以下は四捨五入とする。

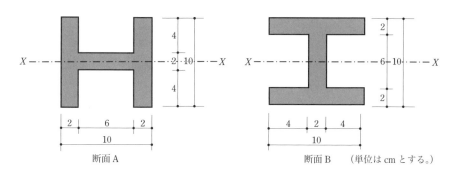

断面 A　　　　　　　　　　　　断面 B　　（単位は cm とする。）

	断面 A（cm^4）	断面 B（cm^4）
1.	337	653
2.	337	689
3.	337	769
4.	577	407
5.	577	653

解答欄

①断面 A の I_{X_A} を求める。

◆図心が X 軸を通るので単純に加算が可能。

②断面 B の I_{X_B} を求める。

◆図心が X 軸を通るので減算が可能。

71

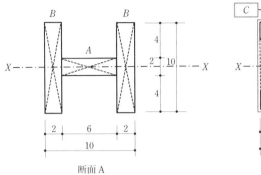

断面 A

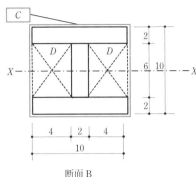

断面 B

①断面 A の I_{X_A} を求める。

　◆図心が X 軸を通るので単純に加算が可能。

$$I_{X_A} = I_A + 2 \times I_B$$
$$= \frac{6 \times 2^3}{12} + 2 \times \frac{2 \times 10^3}{12}$$
$$= \frac{48 + 4000}{12} = 337.3 \fallingdotseq \boxed{337 \ (\text{cm}^4)}$$

ポイントは、図心が X 軸を通ると加算・減算が可能ということと、基本公式を覚えること。

$$I_X = \frac{bh^3}{12}$$

②断面 B の I_{X_B} を求める。

　◆図心が X 軸を通るので減算が可能。

$I_{X_A} =$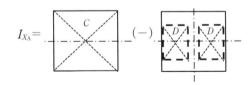

$$I_{X_B} = I_C - 2 \times I_D$$
$$= \frac{10 \times 10^3}{12} - 2 \times \frac{4 \times 6^3}{12}$$
$$= \frac{10000 - 1728}{12} = 689.3 \fallingdotseq \boxed{689 \ (\text{cm}^4)}$$

解答（2）

◆図のような断面における X 軸に関する断面二次モーメントの値として、**正しいもの**は、次のうちどれか。

1. 499.5cm^4
2. 607.5cm^4
3. 642.0cm^4
4. 715.5cm^4
5. 750.0cm^4

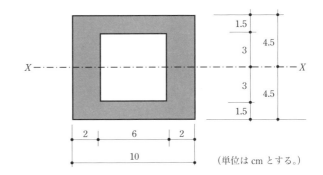

（単位は cm とする。）

解答欄

①I_X を求める。

◆図心が X 軸を通るので単純に減算が可能。

問題 3・2・5　解説

 p.69（H30）と同様の問題

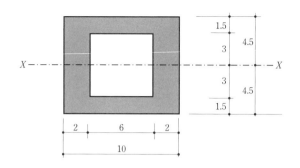

> 図心が X 軸を通るので単純に減算が可能。
> 全体の I_X から破線部の空洞部分を減算する。

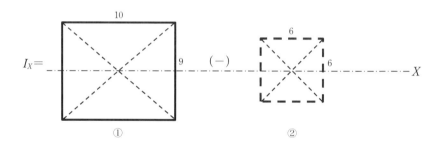

①　　　　　　　　　　　②

◆ $I_X = I_{X①} - I_{X②}$

◆ $I_X = \dfrac{10 \times 9^3}{12} - \dfrac{6 \times 6^3}{12}$

$= \dfrac{7290 - 1296}{12}$

$= \dfrac{5994}{12}$

$= \boxed{499.5 \ (\text{cm}^4)}$

> $I_X = \dfrac{bh^3}{12}$

解答 (1)

> 二級建築士試験においては、
> 2桁の掛け算・割り算は、
> 確実に手計算できることが
> 必要である。

4章

応力度

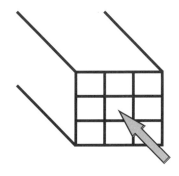

❶ 曲げ応力度──材を曲げると圧縮と引張の応力度が同時に作用する

梁に外力が作用すると、梁は変形し曲げモーメントが生じる。この際、断面の変形量は、中立軸からの距離に比例し、この断面には垂直な応力度が生じる。この垂直応力度を曲げ応力度という。

材の縁の曲げ応力度が最大となり、これを**最大曲げ応力度（σ_{bmax}）**という。

材を曲げると中立軸を境に圧縮応力度と
引張応力度が同時に断面に作用する。

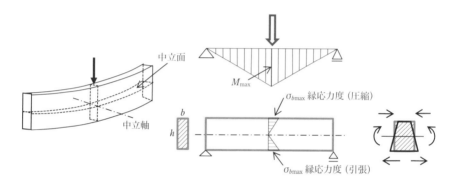

$$\sigma_{bmax}（縁応力度）= \frac{M_{max}（最大曲げモーメント）}{Z_x（断面係数）}$$

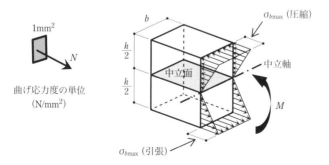

曲げ応力度の単位
(N/mm^2)

$$Z_x（断面係数）= \frac{bh^2}{6}（長方形断面の場合）$$

❷ 断面係数—断面の形によって曲げ応力度は変わる

曲げ応力度を求めるには、断面係数の値が必要になる。

$$断面係数（Z_x）= \frac{図心（X軸）に関する断面二次モーメント（I_x）}{中立軸より断面の縁端までの距離（y）}$$

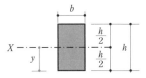

$$Z_x = \frac{I_x}{y} = \frac{\frac{bh^3}{12}}{\frac{h}{2}} = \frac{bh^2}{6}$$

 長方形断面の場合は
$$y = \frac{h}{2}$$

$$Z_x（断面係数）= \frac{bh^2}{6} （長方形断面の場合）$$

例題ー1 下図の断面係数 Z_x と Z_y を求めよ。（単位は cm とする。）

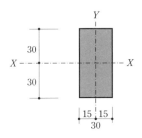

$$Z_x = \frac{bh^2}{6} = \frac{30 \times 60^2}{6} = \boxed{18000（cm^3）}$$

$$Z_y = \frac{hb^2}{6} = \frac{60 \times 30^2}{6} = \boxed{9000（cm^3）}$$

例題ー2 下図の断面係数 Z_x と Z_y を求めよ。（単位は cm とする。）

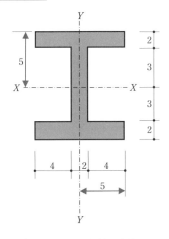

$$I_x = I_{xA} - 2 \times I_{xB} = \boxed{689（cm^4）}$$

$$Z_x = \frac{689}{5} = \boxed{137.8（cm^3）}$$

$$I_y = I_{yA} + 2 \times I_{yB} = \boxed{337（cm^4）}$$

$$Z_y = \frac{337}{5} = \boxed{67.4（cm^3）}$$

 断面係数 Z_x は、断面二次モーメント I_x のように軸が図心を通っても、加算・減算はできない。

（答えは、少数第一位）

曲げ応力度（確認事項）

$$\sigma_{bmax}\,（縁応力度）= \frac{M_{max}\,（最大曲げモーメント）}{Z_x\,（断面係数）}$$

$$Z_x\,（断面係数）= \frac{bh^2}{6}\,（長方形断面の場合）$$

★覚えるべき応力図

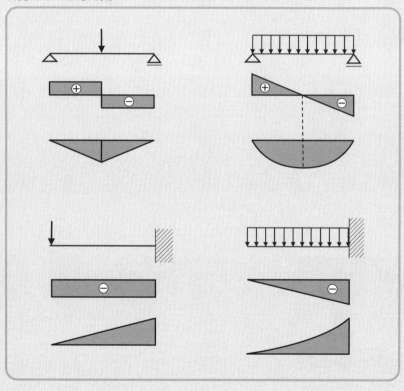

◆図のような長方形断面を有する木造の梁の X 軸についての許容曲げモーメントとして、**正しい**ものは、次のうちどれか。ただし、梁材の許容曲げ応力度は、12N/mm² とする。

1.　6kN・m
2.　9kN・m
3.　12kN・m
4.　18kN・m
5.　27kN・m

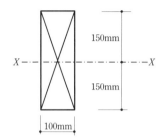

解答欄

①長方形断面の断面係数を求める。

②許容曲げモーメントを求める。

（許容曲げモーメント $=Z_x$〔断面係数〕× 許容曲げ応力度）

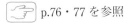 p.76・77 を参照

①長方形断面の断面係数を求める。

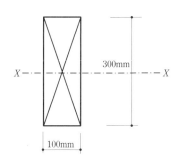

300mm

$X - \cdot - \cdot - \cdot - \cdot - \cdot - X$

100mm

$$Z_x = (断面係数) = \frac{bh^2}{6}$$
$$= \frac{100 \times 300^2}{6} = \boxed{1500000 \ (mm^3)}$$

②許容曲げモーメントを求める。

$$\sigma_b (曲げ応力度) = \frac{M (曲げモーメント)}{Z_x (断面係数)} \leqq 許容曲げ応力度$$

許容曲げモーメント = Z_x (断面係数) × 許容曲げ応力度

◆許容曲げモーメント $= 1500000 mm^3 \times 12 N/mm^2$
$\qquad = 15 \times 12 \times 10^5$
$\qquad = 180 \times 10^5$
$\qquad = 18 \times 10^6 \ (N \cdot mm)$
$\qquad = \boxed{18 \ (kN \cdot m)}$

解答 (4)

 単位換算
1kN = 1000N   1kN・m = 1000000N・mm
1m = 1000mm $= 10^6 N \cdot mm$

◆許容曲げ応力度 ($12 N/mm^2$) とは

1mm² あたり 12N までの曲げ応力が生じても安全だということ。

1mm²

12N

◆許容曲げモーメントとは

材に生じる曲げモーメントが、18kN・m までは、安全だということ。

◆図のような等分布荷重を受ける単純梁に断面 75mm×200mm の部材を用いた場合、A 点の最大曲げ応力度が 1N/mm² となるときの梁の長さ l の値として、**正しいもの**は、次のうちどれか。ただし、部材の断面は一様とし、自重は無視するものとする。

1. 1,000mm
2. 1,200mm
3. 1,500mm
4. 1,800mm
5. 2,000mm

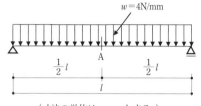

（寸法の単位は、mm とする。）

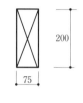

部材断面

解答欄

①Z_x（断面係数）を求める。

②M_{max}（最大曲げモーメント）を求める。

③σ_b（曲げ応力度）の公式に代入する。

④式をまとめ、l を求める。

問題 4・1・2 解説

 p.76・77 を参照

$$\sigma_b \text{(曲げ応力度)} = \frac{M \text{(曲げモーメント)}}{Z_x \text{(断面係数)}}$$

 この二つの公式さえ覚えれば、曲げ応力度の問題は解ける。

$$Z_x \text{(断面係数)} = \frac{bh^2}{6} \text{(長方形断面の場合)}$$

①Z_x（断面係数）を求める。

$$Z_x = \frac{bh^2}{6} = \frac{75 \times 200^2}{6} = 50 \times 10^4 \ (\text{mm}^3)$$

②$M_{\max}$（最大曲げモーメント）を求める。

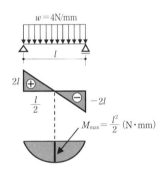

 p.78 で是非、覚えて欲しいと言った、等分布荷重（単純梁）の Q 図と M 図
・全体荷重は、$4 \times l = 4l$ (N)
・反力は、$2l$ (N)
・$M_{\max} = Q$ 図の面積
$$= 2l \times \frac{l}{2} \times \frac{1}{2}$$
$$= \frac{l^2}{2} \ (\text{N·mm})$$

③σ_b（曲げ応力度）の公式に代入する。

$$\sigma_b \text{(曲げ応力度)} = 1 = \frac{M \text{(曲げモーメント)}}{Z_x \text{(断面係数)}} = \frac{\dfrac{l^2}{2}}{50 \times 10^4}$$

④式をまとめ、l を求める。

$$\frac{l^2}{2} = 1 \times 50 \times 10^4$$
$$l^2 = 2 \times 1 \times 50 \times 10^4 = 100 \times 10^4 = 10^6$$
$$l = \sqrt{10^6} = 10^3 = \boxed{1000 \ (\text{mm})}$$

解答（1）

二級建築士
合格への扉

この度は弊社書籍をご購入いただき、ありがとうございます。
二級建築士受験のお力添えになるよう、購入者特典といたしまして
『二級建築士 合格への扉』特設ページをご準備いたしました。
下記URLまたはQRコードより、申込みページにアクセスいただき、
必要項目をご記入のうえ、お申し込みください。

【購入者特典コンテンツ】

・神無修二さん（最端製図.com）監修
　合格のための勉強法解説動画
・二級建築士試験過去問題＆解説 （平成21〜27年）

お申込みはこちらから！

https://bit.ly/38N5SYy

【お問合せ先】
学芸出版社　営業部
eigyo@gakugei-pub.jp
℡075-343-0811

※お申込みの際にご提供いただいた個人情報は、弊社書籍案内の
　メール配信のみに利用させていただき、他の用途には使用いたしません。
※ご入力いただいたメールアドレスに弊社メールマガジンをお届けいたします。

学芸出版社

初歩から丁寧に解説！
基礎を身に付けよう！

二級建築士受験といえば
まずは、この1冊！！

『二級建築士　はじめの一歩』

**二級建築士の勉強を始めたいけど、
何から手を付けていいのか分からない…
そんなあなたにおススメ！！**

豊富なイラストを用いて、簡潔に
わかりやすくポイントを解説。
本書で基本知識を習得しよう！

『スタンダード 二級建築士』

「はじめの一歩」の 次は「スタンダード」！ 理解力UPにつながる1冊！

・学科試験4科目の
　復習と整理が1冊で出来る！
・過去問3年分を掲載、
　2色刷&解答別冊でより使いやすく！

『二級建築士設計製図試験
最端エスキース・コード』

本書で製図試験の 対策を万全に！

『二級建築士試験出題
　キーワード別問題集』

問題の傾向や出題頻度が
ひと目でわかる一覧表を掲載！
・出題キーワード別に収録。
　受験対策が効率よく行える！

『動画で学ぶ二級建築士
　合格図面の製図法』

製図試験対策の決定版！

合格者の図面紹介および
過去問11年分のポイントを解説。

『動画で学ぶ二級建築士　学科編』

・多くの受験生が苦手とする問題だけを
　丁寧に解説する独学サポート問題集。
・詳しい解説動画を、いつでもどこでも
　見られる！

二級建築士　試験対策書　一覧

『二級建築士 はじめの一歩』

神無修二・最端製図.com 著　A5・220頁　本体2,200円＋税
ISBN：978-4-7615-2637-5

大好評！18,000部突破！

見開き構成で簡潔にわかりやすくポイント解説。
イラストを多数用いた親しみやすい紙面で楽しく
学べる建築士受験の第一歩。2色刷。

『スタンダード 二級建築士』

独学者に最適の1冊！

建築資格試験研究会 編著
体裁：A5・448頁
　　　本体3,200円＋税
ISBN：978-4-7615-0351-2

学科試験4科目の復習と整理、過去
問3年分がこの1冊でできる、建築士
受験の王道をいく定番テキスト。
2色刷でポイントがわかる。

『二級建築士試験出題 キーワード別問題集』

全日本建築士会　監修
体裁：A5・548頁
　　　本体3,000円＋税
ISBN：978-4-7615-0350-5

二級建築士学科試験の解説付き問
題集。過去7年分の問題全てをキー
ワード別に整理、解説した。出題
頻度と傾向がわかる一覧表付き。

『動画で学ぶ二級建築士 学科編』

神無修二＋最端製図.com 著
体裁：A5・232頁
　　　本体2,800円＋税
ISBN：978-4-7615-2803-4

苦手な受験生が多い分野、暗記では
なく理解を必要とする問題、計算問
題に絞った要点整理＋問題解説集。
読者限定の解説動画付。

『動画で学ぶ二級建築士 合格図面の製図法』

神無修二・最端製図.com 著
体裁：A4・144頁
　　　本体3,200円＋税
ISBN：978-4-7615-3293-2

製図試験の減点ポイントや勘所が
一目でわかる！合格することにフ
ォーカスし、効率のよい作図法が
身につく受験生必読の1冊。

『二級建築士設計製図試験 最端エスキース・コード』

神無修二・最端製図.com 著
体裁：A4変・144頁
　　　本体3,200円＋税
ISBN：978-4-7615-3204-8

資格学校にも出せない本当に欲し
い情報が満載！

建築・都市・デザインの今がわかる。

まち座

学芸出版社の
ウェブメディア

◆図のような等分布荷重を受ける単純梁に断面 100mm×300mm の部材を用いた場合、A 点に生じる最大曲げ応力度として、**正しい**ものは、次のうちどれか。ただし、部材の断面は一様とし、自重は無視するものとする。

1. 1N/mm^2
2. 2N/mm^2
3. 3N/mm^2
4. 4N/mm^2
5. 5N/mm^2

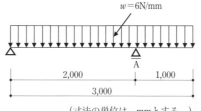

$w = 6\text{N/mm}$

2,000   1,000

3,000

（寸法の単位は、mmとする。）

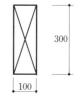

300

100

部材断面

解答欄

①Z_x（断面係数）を求める。

②A 点の曲げモーメントを求める。

③σ_b（曲げ応力度）の公式に代入する。

④式をまとめ、σ_b を求める。

p.81 (H26) の類似問題

$$\sigma_b \,(曲げ応力度) = \frac{M\,(曲げモーメント)}{Z_x\,(断面係数)}$$

$$Z_x\,(断面係数) = \frac{bh^2}{6}\,(長方形断面の場合)$$

 この二つの公式さえ覚えれば、曲げ応力度の問題は、解ける。

①Z_x(断面係数)を求める。

$$Z_x = \frac{bh^2}{6} = \frac{100 \times 300^2}{6} = 1.5 \times 10^6 \,(\text{mm}^3)$$

②A 点の曲げモーメントを求める。

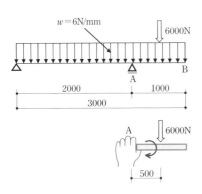

$w = 6\text{N/mm}$
6000N
A
B
2000　1000
3000

A
6000N
500

 反力は求めなくてもいい。

◆A 点の右側のモーメントを求める。
　・A−B 間の等分布荷重を集中荷重に直す。
　・A 点で梁を握って右側のモーメントを計算する。

◆$M_A = 6000 \times 500 = 3000000 \,(\text{N}\cdot\text{mm})$
$= 3 \times 10^6$

③σ_b(曲げ応力度)の公式に代入する。

$$\sigma_b\,(曲げ応力度) = \frac{M\,(曲げモーメント)}{Z_x\,(断面係数)} = \frac{3 \times 10^6}{1.5 \times 10^6}$$

④式をまとめ、σ_b を求める。

$$\sigma_b = \frac{3 \times 10^6}{1.5 \times 10^6} = \boxed{2\,(\text{N/mm}^2)}$$

解答 (2)

 問題の解答の単位が N/mm²。途中の計算は、すべて N と mm に統一する。梁のモーメントの計算は、左側だけか、右側だけを考える。どちらから計算してもモーメントの絶対値は同じである。

◆図のような荷重を受ける単純梁に、断面 90mm×200mm の部材を用いた場合、その部材が許容曲げモーメントに達するときの荷重 P の値として、**正しいもの**は、次のうちどれか。ただし、部材の許容曲げ応力度は 20N/mm² とし、自重は無視するものとする。

1.　2kN
2.　4kN
3.　6kN
4.　8kN
5.　12kN

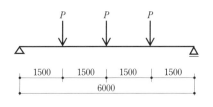

（寸法の単位は、mm とする。）　　　部材断面

解答欄

①Z_x（断面係数）を求める。

②M_{max}（最大曲げモーメント）を求める。

③σ_b（曲げ応力度）の公式に代入する。

④式をまとめ、P を求める。

$$\sigma_b\,(曲げ応力度) = \frac{M\,(曲げモーメント)}{Z_x\,(断面係数)}$$

 この二つの公式さえ覚えれば、曲げ応力度の問題は、解ける。

$$Z_x\,(断面係数) = \frac{bh^2}{6}\,(長方形断面の場合)$$

①Z_x（断面係数）を求める。

$$Z_x = \frac{bh^2}{6} = \frac{90 \times 200^2}{6} = \frac{90 \times 4}{6} \times 10^4 = 6 \times 10^5\,(\text{mm}^3)$$

②$M_{\max}$（最大曲げモーメント）を求める。

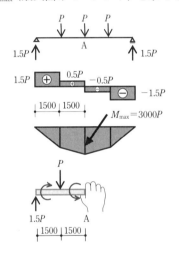

☞ p.78 集中荷重（単純梁）の Q 図と M 図とほぼ同じである。
- 全体荷重は、$3P$
- 反力は、$1.5P$
- $M_{\max}$＝A 点の左側の Q 図の面積
  $= 1.5P \times 1500 + 0.5P \times 1500$
  $= 3000P$

 A 点で梁を握って、左側のモーメントの合計を計算しても求まる。

- $M_{\max} = 1.5P \times 3000 - P \times 1500$
  $= 3000P$

③σ_b（曲げ応力度）の公式に代入する。

$$\sigma_b\,(許容曲げ応力度) = 20\,(\text{N/mm}^3) = \frac{M\,(曲げモーメント)}{Z_x\,(断面係数)} = \frac{3000P}{6 \times 10^5}$$

④式をまとめ、P を求める。

M（許容曲げモーメント）$= 3000P = 20 \times 6 \times 10^5 = 12 \times 10^6$

$3000P = 12 \times 10^6 = 12000000$

$P = 4000\,(\text{N}) = \boxed{4\,(\text{kN})}$

解答（2）

◆図のような等分布荷重 w を受ける長さ l の片持ち梁に断面 $b \times h$ の部材を用いたとき、その部材に生じる最大曲げ応力度として、**正しい**ものは、次のうちどれか。ただし、部材の自重は無視するものとする。

1. $\dfrac{3wl^2}{bh^2}$

2. $\dfrac{3wl^2}{b^2h}$

3. $\dfrac{6wl^2}{bh^2}$

4. $\dfrac{6wl^2}{b^2h}$

5. $\dfrac{6wl^2}{b^3h}$

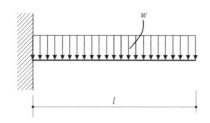

部材断面

解答欄

①Z_x（断面係数）を求める。

②$M_{\max}$（最大曲げモーメント）を求める。

③σ_b（曲げ応力度）の公式に代入する。

④式をまとめる。

$$\sigma_b \,(\text{曲げ応力度}) = \frac{M\,(\text{曲げモーメント})}{Z_x\,(\text{断面係数})}$$

$$Z_x\,(\text{断面係数}) = \frac{bh^2}{6}\,(\text{長方形断面の場合})$$

 この二つの公式さえ覚えれば、曲げ応力度の問題は、解ける。

①Z_x（断面係数）を求める。

$$Z_x = \frac{bh^2}{6}$$

②M_{max}（最大曲げモーメント）を求める。

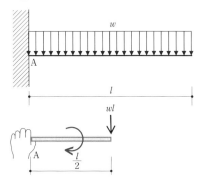

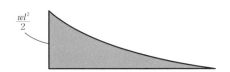

◆片持ち梁の最大曲げモーメントは、支点に生じる。

◆A点で梁を握って、A点の右側のモーメントの合計を計算する。

$$M_{max} = M_A = wl \times \frac{l}{2} = \frac{wl^2}{2}$$

③σ_b（曲げ応力度）の公式に代入する。

$$\sigma_{b\,max}\,(\text{最大曲げ応力度}) = \frac{M_{max}\,(\text{最大曲げモーメント})}{Z_x\,(\text{断面係数})} = \frac{\dfrac{wl^2}{2}}{\dfrac{bh^2}{6}}$$

④式をまとめる。

$$(\text{最大曲げ応力度}) = \frac{\dfrac{wl^2}{2}}{\dfrac{bh^2}{6}}$$

$$= \frac{wl^2 \times 6}{bh^2 \times 2} = \boxed{\frac{3wl^2}{bh^2}}$$

解答（1）

 記号を使用した問題の出題も多いので計算処理には、注意が必要である。

◆図のような等分布荷重を受ける単純梁に断面 120mm×150mm の部材を用いた場合、A 点の最大曲げ応力度が 1Nmm² となるときの梁の長さ l の値として、**正しい**ものは、次のうちどれか。ただし、部材の断面は一様とし、自重は無視するものとする。

1.　300mm
2.　600mm
3.　900mm
4.　1,200mm
5.　1,500mm

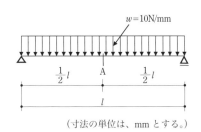

部材断面

（寸法の単位は、mm とする。）

解答欄

①Z_x（断面係数）を求める。

②M_{max}（最大曲げモーメント）を求める。

③σ_{bmax}（最大曲げ応力度）の公式に代入する。

④式をまとめる。

$$\sigma_b\text{（曲げ応力度）} = \frac{M\text{（曲げモーメント）}}{Z_x\text{（断面係数）}}$$

$$Z_x\text{（断面係数）} = \frac{bh^2}{6}\text{（長方形断面の場合）}$$

 この二つの公式さえ覚えれば、曲げ応力度の問題は、解ける。

①Z_x（断面係数）を求める。

$$Z_x = \frac{bh^2}{6} = \frac{120 \times 150^2}{6} = 45 \times 10^4\ \text{（mm}^3\text{）}$$

②M_{max}（最大曲げモーメント）を求める。

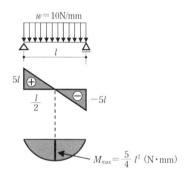

$M_{max} = \frac{5}{4}l^2\ \text{（N・mm）}$

 p.78 で是非、覚えて欲しいと言った、等分布荷重（単純梁）の Q 図と M 図
- 全体荷重は、$10 \times l = 10l$（N）
- 反力は、$5l$（N）
- $M_{max} = Q$ 図の面積
$$= 5l \times \frac{l}{2} \times \frac{1}{2}$$
$$= \frac{5}{4}l^2\ \text{（N・mm）}$$

③σ_b（曲げ応力度）の公式に代入する。

$$\sigma_{bmax}\text{（最大曲げ応力度）} = 1\ \text{（N/mm}^2\text{）} = \frac{M_{max}\text{（最大曲げモーメント）}}{Z_x\text{（断面係数）}} = \frac{\frac{5}{4}l^2}{45 \times 10^4}$$

④式をまとめる。

$$\frac{5}{4}l^2 = 1\ \text{（N/mm}^2\text{）} \times 45 \times 10^4\ \text{（mm}^3\text{）}$$

$$l^2 = \frac{45 \times 10^4}{\frac{5}{4}} = \frac{45 \times 10^4 \times 4}{5} = 360000$$

$$l = \sqrt{360000} = \boxed{600\ \text{（mm）}}$$

 分母に分数がある計算に注意する。

解答 (2)

◆図のような荷重を受ける断面 100mm×200mm の部材を用いた場合、その部材に生じる最大曲げ応力度として、**正しいもの**は、次のうちどれか。ただし、部材の自重は無視するものとする。

1.　12N/mm^2
2.　24N/mm^2
3.　32N/mm^2
4.　48N/mm^2
5.　60N/mm^2

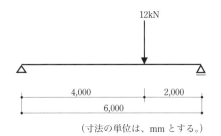

（寸法の単位は、mm とする。）

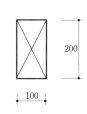

部材断面

解答欄

①Z_x（断面係数）を求める。

②$M_{\max}$（最大曲げモーメント）を求める。

③σ_b（曲げ応力度）の公式に代入する。

④式をまとめる。

$$\sigma_b\,(\text{曲げ応力度}) = \frac{M\,(\text{曲げモーメント})}{Z_x\,(\text{断面係数})}$$

 この二つの公式さえ覚えれば、曲げ応力度の問題は、解ける。

$$Z_x\,(\text{断面係数}) = \frac{bh^2}{6}\,(\text{長方形断面の場合})$$

①Z_x（断面係数）を求める。

$$Z_x = \frac{bh^2}{6} = \frac{100 \times 200^2}{6} = \frac{100 \times 4}{6} \times 10^4 = \frac{2}{3} \times 10^6\,(\text{mm}^3)$$

②M_{max}（最大曲げモーメント）を求める。

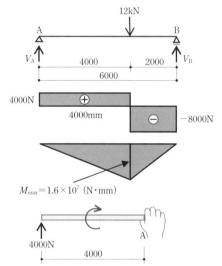

$M_{max} = 1.6 \times 10^7\,(\text{N·mm})$

◆反力を求める。
$$\Sigma M_A = 12 \times 4000 - V_B \times 6000 = 0$$
$$V_B = 8\text{kN}\,(\uparrow) = 8000\text{N}$$
$$V_A = 4\text{kN}\,(\uparrow) = 4000\text{N}$$

☞ p.78 集中荷重（単純梁）の Q 図と M 図とほぼ同じである。

$M_{max} = $ A 点の左側の Q 図の面積
$= 4000 \times 4000 = 16000000$
$= 1.6 \times 10^7\,(\text{N·mm})$

◆A 点で梁を握って、左側のモーメントの合計を計算しても求まる。
$M_{max} = 4000 \times 4000 = 16000000\,(\text{N·mm})$
$= 1.6 \times 10^7\,(\text{N·mm})$

③σ_b（曲げ応力度）の公式に代入する。

$$\sigma_{b\,max}\,(\text{最大曲げ応力度}) = \frac{M_{max}\,(\text{最大曲げモーメント})}{Z_x\,(\text{断面係数})} = \frac{1.6 \times 10^7}{\dfrac{2}{3} \times 10^6}$$

④式をまとめる。
$$(\text{最大曲げ応力度}) = \frac{1.6 \times 10^7 \times 3}{2 \times 10^6} = \boxed{24\,(\text{Nmm}^2)}$$

解答 (2)

 分母に分数がある計算に注意すること。 $\dfrac{1}{\dfrac{2}{3}} = \dfrac{3}{2}$

●梁の先端に鉛直荷重と水平荷重が断面の図心に作用した場合、圧縮力（引張力）とせ
ん断力・曲げモーメントが同時に作用する。その場合接地面A~Dには軸方向応力度・
曲げ応力度・せん断応力度が同時に作用する。

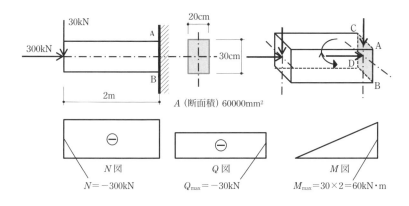

A（断面積）60000mm²

N図　　　$N=-300$kN

Q図　　　$Q_{max}=-30$kN

M図　　　$M_{max}=30\times2=60$kN・m

❶ 軸方向応力度（圧縮応力度）—断面1mm²あたりに生じる軸方向力

$$\begin{array}{c}\sigma_c \\ \text{（圧縮応力度）}\end{array} = \frac{P\text{（圧縮力）N}}{A\text{（断面積）mm}^2} = \frac{300000\text{N}}{60000\text{mm}^2} = \boxed{5\ \text{(N/mm}^2\text{)}}$$

❷ 曲げ応力度—断面1mm²あたりに生じる曲げ応力

$$\begin{array}{c}Z_x \\ \text{（断面係数）}\end{array} = \frac{bh^2}{6} = \frac{200\times300^2}{6} = \boxed{3\times10^6\ \text{(mm}^3\text{)}}$$

$$\begin{array}{c}M_{max} \\ \text{（最大曲げモーメント）}\end{array} = 30\text{kN}\times2\text{m} = 30000\text{N}\times2000\text{mm} = \boxed{6\times10^7\ \text{(N・mm)}}$$

$$\begin{array}{c}\sigma_{bmax} \\ \text{（縁応力度）}\end{array} = \frac{M_{max}\text{（最大曲げモーメント）}}{Z_x\text{（断面係数）}} = \frac{6\times10^7}{3\times10^6} = \boxed{20\ \text{(N/mm}^2\text{)}}$$

❸ せん断応力度—断面1mm²あたりに生じるせん断力

$$\tau_{max}\text{（最大せん断応力度）} = 1.5\times\frac{Q_{max}}{bh}$$

$$= 1.5\times\frac{30000\text{N}}{60000\text{mm}^2} = \boxed{0.75\ \text{(N/mm}^2\text{)}}$$

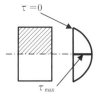

$\tau=0$

τ_{max}

下図のように脚部で固定された柱の頂部に鉛直荷重 P と水平荷重 Q が作用している。この2力は、断面の図心に作用しているものとする。柱脚部断面端部に生じる引張縁応力度と圧縮縁応力度を求めよ。

本来、接地面には、軸方向応力度・曲げ応力度・せん断応力度が作用するが、せん断応力度は、端部では0になるので、考慮しなくても構わない。

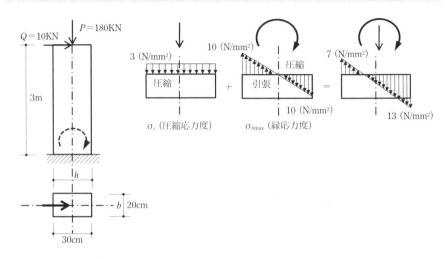

①Z_x（断面係数）$= \dfrac{bh^2}{6} = \dfrac{200 \times 300^2}{6} = 3 \times 10^6 \ (mm^3)$

②$\sigma_{bmax} = \dfrac{M_{max}（最大曲げモーメント）}{Z_x（断面係数）} = \dfrac{10kN \times 3m}{\dfrac{bh^2}{6}}$

$\qquad = \dfrac{30kN \cdot m}{3 \times 10^6 \ (mm^3)} = \dfrac{3 \times 10^7}{3 \times 10^6} = 10 \ (N/mm^2)$

③σ_c（圧縮応力度）$= \dfrac{P（圧縮力）N}{A（断面積）mm^2} = \dfrac{180000}{200 \times 300} = 3 \ (N/mm^2)$

④圧縮と曲げの応力度分布を足し合わせて組み合わせ応力度分布図を完成させる。

◆引張縁応力度　　$\boxed{7 \ (N/mm^2)}$

◆圧縮縁応力度　　$\boxed{13 \ (N/mm^2)}$

部材の図心での応力度は、曲げ応力度は0になり、軸方向応力度とせん断応力度の合成になる。二級建築士試験には、過去出題されていない。

◆図のような荷重を受ける単純梁に断面 90mm×200mm を用いた場合、A 点の断面下端に生じる縁応力度σとして、**正しいもの**は、次のうちどれか。ただし、縁応力度σは下式によって与えられるものとし、部材の断面は一様で、荷重による部材の変形及び自重は無視するものとする。

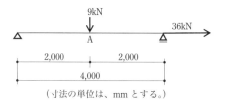

（寸法の単位は、mm とする。）

部材断面

1. 13N/mm^2
2. 17N/mm^2
3. 22N/mm^2
4. 32N/mm^2
5. 35N/mm^2

$$\sigma = \frac{N}{A} \pm \frac{M}{Z}$$

$$\begin{bmatrix} \sigma：縁応力度（N/mm^2） \\ N：軸方向力（N） \\ A：部材の全断面積（mm^2） \\ M：曲げモーメント（N・mm） \\ Z：部材の断面係数（mm^3） \end{bmatrix}$$

解答欄

①Z_x（断面係数）を求める。

②A 点の曲げモーメントを求める。

③σ_{bmax}（最大曲げ応力度）の公式に代入する。

④引張応力度の公式に代入する。

⑤応力度の合成を行う。　$\sigma = \frac{N}{A} \pm \frac{M}{Z}$

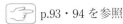 p.93・94 を参照

$$Z_x \text{（断面係数）} = \frac{bh^2}{6} \text{（長方形断面の場合）}$$

 公式は、問題に示されているので、断面係数の公式のみ覚える。

①Z_x（断面係数）を求める。

$$Z_x = \frac{bh^2}{6} = \frac{90 \times 200^2}{6} = 6 \times 10^5 \ (\text{mm}^3)$$

②A点の曲げモーメントを求める。

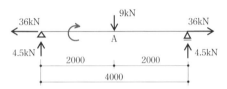

・反力の計算式は必要ない。

◆M_A は A 点で梁を握って、左側のモーメントの合計を計算して求める。

$$M_A = 4500 \times 2000 = 9 \times 10^6 \ (\text{N・mm})$$

③$\sigma_{b\max}$（最大曲げ応力度）の公式に代入する。

$$\sigma_{b\max} \text{（最大曲げ応力度）} = \frac{M_A \text{（曲げモーメント）}}{Z_x \text{（断面係数）}} = \frac{9 \times 10^6}{6 \times 10^5} = 15 \ (\text{N/mm}^2)$$

④引張応力度の公式に代入する。

$$\sigma_t = \frac{N}{A} = \frac{36\text{kN}}{90 \times 200} = \frac{36000}{18000} = 2 \ (\text{N/mm}^2)$$

⑤応力度の合成を行う。

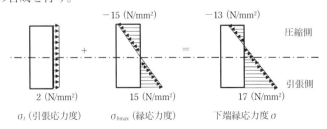

σ_t（引張応力度）　　　$\sigma_{b\max}$（縁応力度）　　　下端縁応力度 σ

下端縁応力度 σ

$$\sigma = \frac{N}{A} + \frac{M}{Z} = 2 + 15 = \boxed{17 \ (\text{N/mm}^2)}$$

解答 (2)

5章

トラス

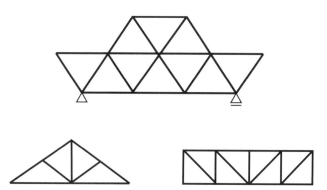

トラスとは、部材を三角形で構成し、節点がピン（ヒンジ）の骨組みをいいます。トラスでは、部材に生じる力が N（軸方向力）のみで、Q（せん断力）や M（モーメント）は、生じないものとします。Q と M が生じない特徴があるので、大空間や高層の建築物に利用されています。トラスを解くとは、部材に生じる軸方向力の大きさを求めることです。

❶ 図解でトラス部材の軸方向力を求める方法（節点法）

◆節点法は、各節点で釣り合いの3条件式から部材の軸方向力を求める方法だが、この章では、数式を極力使用せずに図解で求めていく。

❷ 釣り合いの3条件とは、$\Sigma X=0$、$\Sigma Y=0$、$\Sigma M=0$

◆各節点において力の矢印がこの条件を満たすこと。

❸ 力の三角形（多角形）—力の釣り合いは力の矢印が閉じること

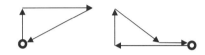

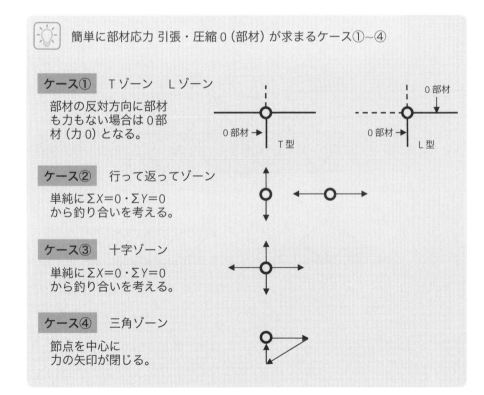

簡単に部材応力 引張・圧縮 0（部材）が求まるケース①~④

ケース① Tゾーン Lゾーン

部材の反対方向に部材も力もない場合は0部材（力0）となる。

0部材→ T型

0部材

0部材→ L型

ケース② 行って返ってゾーン

単純に$\Sigma X=0$・$\Sigma Y=0$から釣り合いを考える。

ケース③ 十字ゾーン

単純に$\Sigma X=0$・$\Sigma Y=0$から釣り合いを考える。

ケース④ 三角ゾーン

節点を中心に力の矢印が閉じる。

● ほとんどのトラスの問題は、先ほどのケース①〜④の操作で解くことができる。
釣り合い式 $\Sigma X = 0$、$\Sigma Y = 0$ から三角関数を使った数式で解くこともできるが、図式で解く方が、早く確実に部材応力を求めることができる。

◆ 下のトラスの 5 本の部材の応力をケース①〜④を使って求めていく。

A： ケース① 　Tゾーン　Lゾーン
・節点 D は、L ゾーン

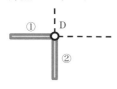

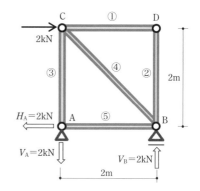

・反対側に部材がないので応力は生じない。①と②は 0 部材になる。

B： ケース④ 　三角ゾーン
・節点 C では、①の部材が 0 部材だったので、部材がないのと同じになる。従って C 節点は、三角ゾーンになる。
・矢印が閉じれば、3 力は釣り合っている。$45°$ の三角形は $1 : 1 : \sqrt{2}$

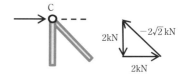

釣り合った 3 力をもう一度 C 節点に移動する。

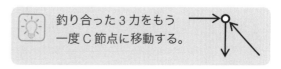

・矢印が節点に向かう材を圧縮⊖とする。
・矢印が節点から出ていく材を引張⊕とする。

③2kN（引張）
④$-2\sqrt{2}$kN（圧縮）

C： ケース③ 　十字ゾーン
・単純に $\Sigma X = 0$、$\Sigma Y = 0$ から釣り合いを考える。

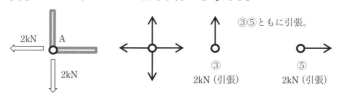

③⑤ともに引張。

③
2kN（引張）

⑤
2kN（引張）

節点法（確認事項）

◆簡単に部材応力（引張・圧縮・0 部材）が求まるケース①〜④

ケース①　Tゾーン　Lゾーン

・部材の反対方向に部材も力もない場合は 0 部材（力 0）となる。
・0 部材は、部材がないものとする。

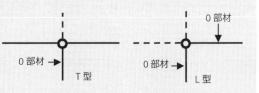

ケース②　行って返ってゾーン

・単純に $\Sigma X=0$・$\Sigma Y=0$ から釣り合いを考える。

ケース③　十字ゾーン

・単純に $\Sigma X=0$・$\Sigma Y=0$ から釣り合いを考える。

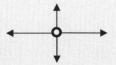

ケース④　三角ゾーン

・節点を中心に力の矢印を閉じる。
・釣り合った 3 力をもう一度節点に移動する。
・4 力で三角形を構成する場合もある。

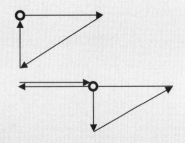

- ──→○　・矢印が節点に向かう材を圧縮⊖とする。
- ○──→　・矢印が節点から出ていく材を引張⊕とする。

◆覚えるべき三角比

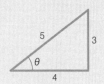

問題 5・1・1 H27

◆図のような荷重 P を受ける静定トラスにおいて、部材 A、B、C に生じる軸方向力の組合せとして、**正しい**ものは、次うちどれか。

	A	B	C
1.	0	0	引張り
2.	0	引張り	引張り
3.	圧縮	0	圧縮
4.	圧縮	引張り	圧縮
5.	引張り	圧縮	引張り

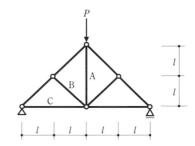

解答欄

①トラスを構成する三角形の角度を確認する。

②p.100 のケース①~④に適合する箇所を確認する。

　・ケース①T ゾーン（L ゾーン）0 部材を確認する。

③0 部材は、部材がないのと同じである。

④三角ゾーンで矢印を閉じる。

⑤力の矢印を節点に戻す。

⑥引張⊕と圧縮⊖を確認する。

📖 p.98・99 を参照

①トラスを構成する三角形の角度を確認する。

②p.100 のケース①~④に適合する箇所を確認する。

・ケース①T ゾーン（L ゾーン）
0 部材を確認する。

・部材 B・D は、0 部材になる。

| B=0 |　| D=0 |

③0 部材は、部材がないのと同じである。

・B、D 材は、ないものと考える。

| A=0 |

④三角ゾーンで矢印を閉じる。

E 点の 3 力の釣り合いから C を求める。

・反力は、左右対称だから、$\frac{P}{2}$

・p.100 のケース④から三角形を閉じる。

⑤力の矢印を節点（E）に戻す。

⑥引張⊕と圧縮⊖を確認する。

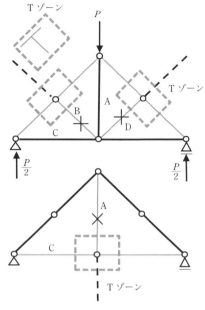

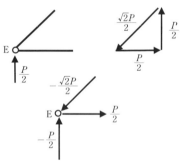

💡 ──→○ ・矢印が節点に向かう材を圧縮⊖とする。
　　 ○──→ ・矢印が節点から出ていく材を引張⊕とする。

・圧縮材

・引張材

$C = \dfrac{P}{2}$ | （引張り） |

解答（1）

💡 T ゾーンとは、節点につながる部材がアルファベットの T 形の場合、部材がない反対方向の部材には、力は生じないため 0 部材になる。

0 部材

◆図のような外力を受ける静定トラスにおいて、部材 A、B、C に生じる軸方向力の組合せとして、**正しいもの**は、次のうちどれか。ただし、軸方向力は、引張力を「＋」、圧縮力を「−」とする。

	A	B	C
1.	＋12kN	＋6$\sqrt{3}$kN	0kN
2.	＋12kN	−6$\sqrt{3}$kN	0kN
3.	−12kN	＋6$\sqrt{3}$kN	＋6kN
4.	＋6kN	−3$\sqrt{3}$kN	0kN
5.	−6kN	＋3$\sqrt{3}$kN	−6kN

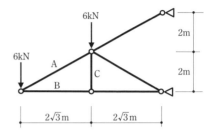

解答欄

①トラスを構成する三角形の角度を確認する。

②p.100 のケース①~④に適合する箇所を確認する。

　・ケース①T ゾーン（L ゾーン）0 部材を確認する。

③0 部材は、部材がないのと同じである。

④三角ゾーンで矢印を閉じる。

⑤力の矢印を節点に戻す。

⑥引張⊕と圧縮⊖を確認する。

☞ p.101（H27）の類似問題

①トラスを構成する三角形の角度を確認する。

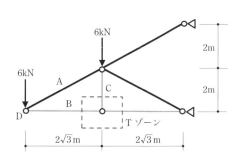

②p.100 のケース①〜④に適合する箇所を確認する。
・ケース①T ゾーン（L ゾーン）
　0 部材を確認する。

③0 部材は、部材がないのと同じである。
・部材 C は、0 部材になる。

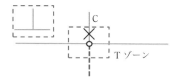

$$C = 0\text{kN}$$

④三角ゾーンで矢印を閉じる。
　D 点の 3 力の釣り合いから A、B を求める。
・反力は、求めない。
・p.100 のケース④から三角形を閉じる。
・三角比 1：2：$\sqrt{3}$ から各軸方向力を求める。

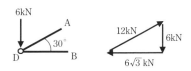

⑤力の矢印を節点（D）に戻す。

⑥引張⊕と圧縮⊖を確認する。

　⟶●・矢印が節点に向かう材を圧縮⊖とする。
　●⟶・矢印が節点から出ていく材を引張⊕とする。

・引張材　　　　　　・圧縮材

$$A = +12\text{kN} \qquad B = -6\sqrt{3}\ \text{kN}$$

解答（2）

トラスの問題を解くこつは、簡単なところから解いていくこと。ケース①から順に④までででほとんどの問題は解ける。

◆図のようなそれぞれ8本の部材で構成する片持ち梁形式の静定トラスA、B、Cにおいて、軸方向力が生じない部材の本数の組合せとして、**正しいもの**は、次のうちどれか。

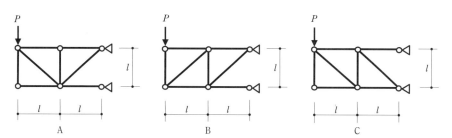

	A	B	C
1.	1本	2本	3本
2.	2本	0本	1本
3.	2本	1本	1本
4.	3本	1本	2本
5.	3本	2本	2本

解答欄

①ケース①Tゾーン（Lゾーン）0部材を確認する。

□・□ Tゾーン　　□・ Lゾーン

◆0部材は、部材がないのと同じである。

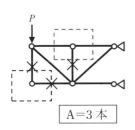

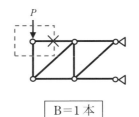

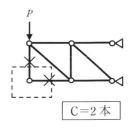

A=3 本　　　　　B=1 本　　　　　C=2 本

①ケース①T ゾーン（L ゾーン）0 部材を確認する。

 T ゾーン　 L ゾーン

解答（4）

T ゾーンとは、節点につながる部材がアルファベットの T 形の場合、部材がない反対方向の部材には力が生じないため 0 部材になる。

L ゾーンとは、節点につながる部材がアルファベットの L 形の場合、部材がない反対方向の部材には力が生じないため 0 部材になる。

◆図のような荷重条件が異なる静定トラスA、B、Cにおいて、軸方向力が生じない部材の本数の組合せとして、**正しいもの**は、次のうちどれか。ただし、荷重条件以外の条件は、同一であるものとする。

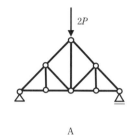

A

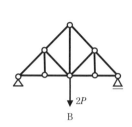

B

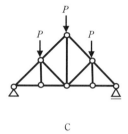

C

	A	B	C
1.	3	3	3
2.	4	3	1
3.	4	4	2
4.	5	4	2
5.	5	5	5

解答欄

①ケース①Tゾーン0部材を確認する。

Tゾーン

②軸方向力が生じない0部材は、部材が存在しないものとする。

107

☞ p.105 (R1) の類似問題

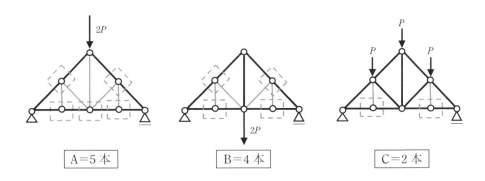

| A=5本 | B=4本 | C=2本 |

①ケース①Tゾーン (0部材) を確認する。

Tゾーン

解答 (4)

💡 Tゾーンとは、節点につながる部材がアルファベットのT形の場合、部材がない反対方向の部材には、力は生じないため0部材になる。

②軸方向力が生じない0部材は、部材が存在しないものとする。

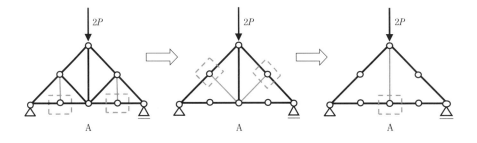

◆図のような外力を受ける静定トラスにおいて、支点 B に生じる鉛直反力 V_B と部材 AB、CD にそれぞれ生じる軸方向力 N_{AB}、N_{CD} の組合せとして、**正しい**ものは、次のうちどれか。ただし、鉛直反力の方向は上向きを「＋」、下向きを「－」とし、軸方向力は引張力を「＋」、圧縮力を「－」とする。

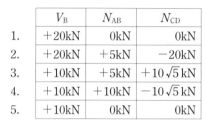

	V_B	N_{AB}	N_{CD}
1.	＋20kN	0kN	0kN
2.	＋20kN	＋5kN	－20kN
3.	＋10kN	＋5kN	$+10\sqrt{5}$ kN
4.	＋10kN	＋10kN	$-10\sqrt{5}$ kN
5.	＋10kN	0kN	0kN

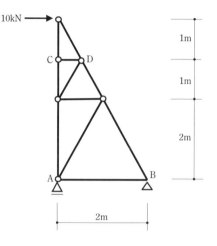

解答欄

①反力 V_A、V_B、H_B を求める。

②トラスを構成する三角形の三角比を確認する。

③T ゾーン（L ゾーン）の 0 部材を確認する。

p.103（H30）の類似問題

①反力 V_A、V_B、H_B を求める。

$\Sigma M_A = 10 \times 4 - V_B \times 2 = 0$

$$\boxed{V_B = +20\text{kN}（↑）}$$

$\Sigma Y = 0 \quad V_A = -20\text{kN}（↓）$

$\Sigma X = 0 \quad H_B = -10\text{kN}（←）$

②トラスを構成する三角形の三角比を確認する。（この問題では必要がない。）

ピタゴラスの定理
$2^2 + 1^2 = (\sqrt{5})^2$

◆p.100 のケース①~④に適合する箇所を確認する。

③T ゾーン（L ゾーン）の 0 部材を確認する。

・部材 CD の反対側には、部材がないので 0 部材になる。

（0 部材は、部材がないものとみなす。）

★この時点で答えは、(1) とわかる。

$$\boxed{N_{CD} = 0\text{kN}} \quad \text{解答 (1)}$$

・各節点で釣り合いを考える。

❶~❹で切断した時●印以外の部材力は、E 点を通るのでモーメントは、0。$\Sigma M_E = 0$ から、●印の部材が、0 部材になることが、わかる。

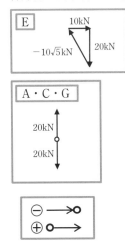

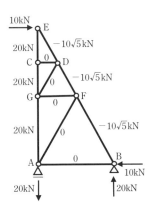

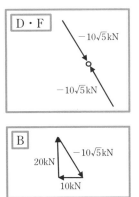

$$\boxed{N_{AB} = 0\text{kN}}$$

❶ 特定箇所の部材の軸方向力を求める方法（切断法）

❷ 静定トラス（切断法）単純梁─切断した左側で$\Sigma M=0$、$\Sigma X=0$、$\Sigma Y=0$を計算

▶ 切断法の手順

①求めたい部材の所で切断する。

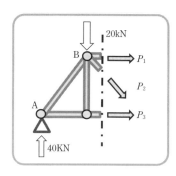
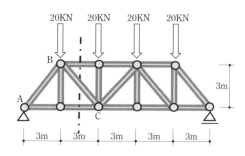

②切断した箇所に$P_1{\sim}P_3$の引張力⊕がかかっ
　ていると仮定する。（⊖は、圧縮）

③切断した左側だけで$\Sigma M=0$、$\Sigma Y=0$、$\Sigma X=0$

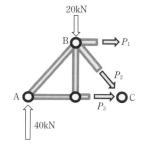

> 💡 P_3は、P_1とP_2の交点Bで$\Sigma M_B=0$
> P_1は、P_2とP_3の交点Cで$\Sigma M_C=0$
> の計算で求める。

④$\Sigma M_B=40\text{kN}\times 3\text{m}-P_3\times 3\text{m}=0$

$\boxed{P_3=40\text{kN（引張）}}$

⑤$\Sigma M_C=40\text{kN}\times 6\text{m}-20\text{kN}\times 3\text{m}+P_1\times 3\text{m}=0$
　⊖ということは、仮定と逆、圧縮ということである。

$\boxed{P_1=-60\text{kN（圧縮）}}$

⑥P_2は、45°の角度があるので水平と垂直方向
　に分解できる。P_2は、図式で解く。

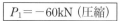

切断した左側の$\Sigma Y=0$を図で表すと

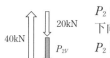

P_2の垂直成分P_{2V}は
下向き20kN

P_2は、P_{2V}の$\sqrt{2}$倍

$\boxed{P_2=20\sqrt{2}\text{kN（引張）}}$

例題−1 AB 材・AC 材に生じる軸方向力を求めよ。(引張は⊕圧縮は⊖)

▶ **切断法の手順**

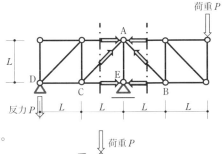

荷重 P

A−B 材

①A−B 材で切断する。
②軸方向力を仮定する。
③図式で求める。

◆切断線の右側だけの釣り合いを考える。
　$\Sigma Y = 0$

　A−B 材の軸方向力 $= \sqrt{2}P$ (引張)

荷重 P

A−C 材 ◆反力を求める。$\Sigma M_E = 0 \rightarrow V_D = P (\downarrow)$

①A−C 材で切断する。
②軸方向力を仮定する。
③図式で求める。

◆切断線の左側だけの釣り合いを考える。
　$\Sigma Y = 0$

　A−C 材の軸方向力 $= \sqrt{2}P$ (引張)

💡 45°の三角形
$1 : 1 : \sqrt{2}$

例題−2 ①②③の材に生じる軸方向力を求めよ。(引張は⊕圧縮は⊖)

▶ **切断法の手順**

◆反力は、左右対称
◆切断した箇所に①~③の引張力⊕
　がかかっていると仮定する。
　(⊖は、圧縮)
◆手順に従って解いていく。
　・$\Sigma M_A = 0$ (切断線の左)→①
　・$\Sigma M_D = 0$ (切断線の左)→③
　・$\Sigma Y = 0$→②(図式で解く)
◆$\Sigma M_A = 0$ で計算すると②③は消去される。
　$\Sigma M_A = 2P \times L - P \times L + ① \times L = 0$
◆$\Sigma M_D = 0$ で計算すると①②は消去される。
　$\Sigma M_D = 2P \times 2L - P \times 2L - ③ \times L = 0$
◆図式で②を求める。

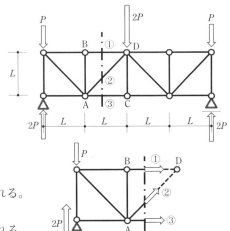

①の軸方向力 $= -P$ (圧縮)
②の軸方向力 $= -\sqrt{2}P$ (圧縮)
③の軸方向力 $= 2P$ (引張)

| 問題 5・2・1 | H25 | | 正答☑　1□(　)　2□(　)　3□(　) |

◆図のような外力を受ける静定トラスにおいて、部材 A、B、C に生じる軸方向力の値の組合せとして、**正しいもの**は、次のうちどれか。ただし、軸方向力は、引張力を「＋」、圧縮力を「－」とする。

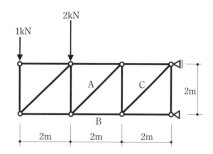

	A	B	C
1.	$+3\sqrt{2}$ kN	-4 kN	$+3\sqrt{2}$ kN
2.	$+2\sqrt{2}$ kN	-3 kN	$+3\sqrt{2}$ kN
3.	$+2\sqrt{2}$ kN	-4 kN	$+3\sqrt{2}$ kN
4.	$-2\sqrt{2}$ kN	$+3$ kN	$-3\sqrt{2}$ kN
5.	$-3\sqrt{2}$ kN	$+4$ kN	$-3\sqrt{2}$ kN

解答欄　▶ 切断法の手順

①求めたい部材の所で切断する。

②切断した箇所に引張力⊕がかかっていると仮定する。

③切断した左側だけで$\Sigma M=0$、$\Sigma Y=0$、$\Sigma X=0$ を計算する。

④水平部材の軸力を求める時は、他の 2 力の交点で$\Sigma M=0$ を計算し軸力を求める。

⑤斜材の軸力は$\Sigma Y=0$ より図式で求める。

①求めたい部材の所で切断する。

　❶−❶で切断して A、B を求める。

　◆切断した左側だけを考えるので反力
　　は、求めない。

②切断した箇所に P_1〜P_3 の引張力 ⊕ がか
　かっていると仮定する。
　（⊖ は、圧縮）

③切断した左側だけで $\Sigma M=0$、$\Sigma Y=0$、
　$\Sigma X=0$ が成り立つ。
　$P_2=A$　$P_3=B$

④P_3 を求める時は、P_1 と P_2 の交点 D で
　$\Sigma M_D=0$ から求める。

　◆$\Sigma M_D=-1\times4-2\times2-P_3\times2=0$

$$P_3=B=-4\ (kN)\ (圧縮)$$

⑤$\Sigma Y=0$ より図式で P_2（A）を求める。

$$P_2=A=+3\sqrt{2}kN\ (引張)$$

❷−❷で切断して C を求める。

　◆$\Sigma Y=0$ より図式で C を求める。

　◆C の垂直成分は、上向き 3kN になる。

$$C=+3\sqrt{2}kN\ (引張)$$

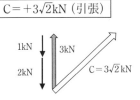

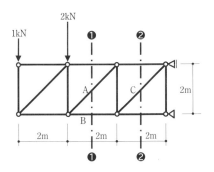

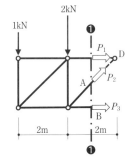

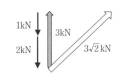

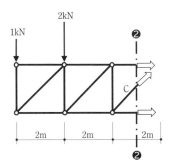

解答（1）

114

◆図のような外力を受ける静定トラスにおいて、部材 A に生じる軸方向力の値として、**正しいもの**は、次のうちどれか。ただし、軸方向力は引張力を「＋」、圧縮力を「－」とする。

1.　$+4\sqrt{2}\,\mathrm{kN}$
2.　$+2\sqrt{2}\,\mathrm{kN}$
3.　$-\sqrt{2}\,\mathrm{kN}$
4.　$-2\sqrt{2}\,\mathrm{kN}$
5.　$-4\sqrt{2}\,\mathrm{kN}$

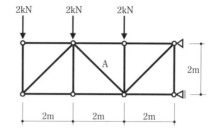

解答欄　　▶ 切断法の手順

①求めたい部材の所で切断する。

②切断した箇所 A に圧縮力⊖がかかっていると仮定する。

③切断した左側だけで $\Sigma Y=0$、図式で A の軸方向力を求める。

①求めたい部材の所で切断する。

　❶−❶で切断してAを求める。

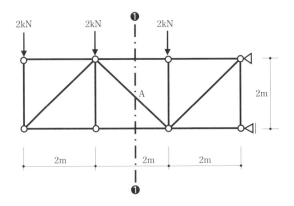

◆この問題では、反力を求める必要はない。

②切断した箇所Aに圧縮力⊖がかかっていると仮定する。

　・❶−❶で切断した左側には、下向き4kNがかかっている。
　・釣り合うためにはAの垂直成分は上向き4kNになる。

③切断した左側だけでΣY=0
　図式でAを求める。

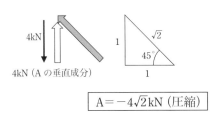

A=−4√2kN（圧縮）

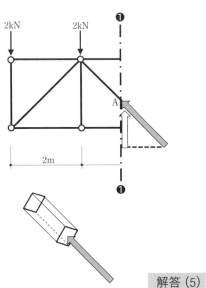

◆切断面に矢印が向かうのは圧縮である。

解答（5）

116

◆図のような外力を受ける静定トラスにおいて、部材 A、B、C に生じる軸方向力の値の組合せとして、**正しいもの**は、次のうちどれか。ただし、軸方向力は、引張力を「＋」、圧縮力を「－」とする。

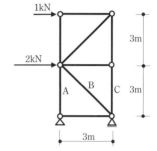

	A	B	C
1.	-4kN	$+3\sqrt{2}$kN	$+1$kN
2.	$+4$kN	$+3\sqrt{2}$kN	-1kN
3.	$+4$kN	$-3\sqrt{2}$kN	-1kN
4.	$+8$kN	$-3\sqrt{2}$kN	-1kN
5.	$+8$kN	$+3\sqrt{2}$kN	-2kN

解答欄　　▶ 切断法の手順

①求めたい部材の所で切断する。

②切断した箇所に引張力⊕がかかっていると仮定する。

③切断した上側だけで$\Sigma M=0$、$\Sigma Y=0$、$\Sigma X=0$ を計算する。

④垂直部材の軸力を求める時は、他の2力の交点で$\Sigma M=0$ を計算し、軸力を求める。

⑤斜材の軸力は$\Sigma X=0$ より図式で求める。

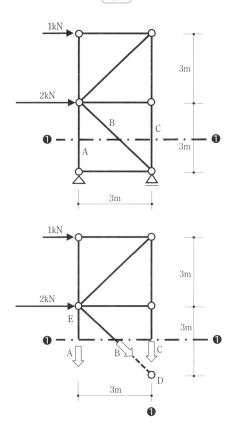

①求めたい部材の所で切断する。

❶-❶で切断してA、B、Cを求める。

◆切断した上側だけを考えるので反力は、求めなくてよい。

②切断した箇所に引張力⊕がかかっていると仮定する。
（⊖は、圧縮）

③切断した上側だけで$\Sigma M=0$、$\Sigma X=0$を計算する。

④垂直部材の軸力Aを求める時は、BとCの交点Dで$\Sigma M_D=0$を計算し軸力を求める。

◆$\Sigma M_D=1\times6+2\times3-A\times3=0$

$$A=+4\ (kN)（引張）$$

◆Cを求める時は、AとBの交点Eで$\Sigma M_E=0$から求める。

◆$\Sigma M_E=1\times3+C\times3=0$
（⊖は、圧縮）

$$C=-1\ (kN)（圧縮）$$

⑤斜材の軸力は$\Sigma X=0$より図式で求める。

◆Bの水平成分は、左向き3kNになる。

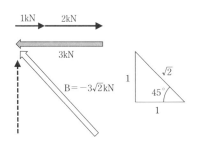

 最初は、引張で仮定したが、圧縮であることは右図から明らかである。

$$B=-3\sqrt{2}kN（圧縮）$$

解答（3）

118

◆図のような外力を受ける静定トラスにおいて、部材 A に生じる軸方向力の値として、**正しいもの**は、次のうちどれか。ただし、軸方向力は、引張力を「＋」、圧縮力を「−」とする。

1.　$-3\sqrt{2}$ kN
2.　$-\sqrt{2}$ kN
3.　　　0 kN
4.　$+\sqrt{2}$ kN
5.　$+3\sqrt{2}$ kN

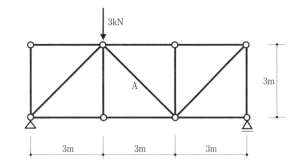

◆この問題は、最初に反力を求める必要がある。

①A 部材の所で切断する。

②切断した箇所 A に圧縮力⊖がかかっていると仮定する。

③切断した左側だけで$\Sigma Y=0$、図式で A の軸方向力を求める。

●この問題は、最初に反力を求める必要がある。

◆$\Sigma M_C = -3 \times 6 + V_B \times 9 = 0$ 　　$V_B = 2kN$（↑）

①A部材の所で切断する。

❶－❶で切断して A を求める。

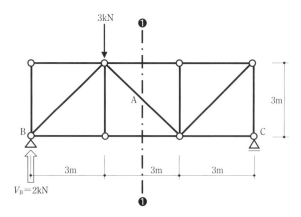

②切断した箇所 A に圧縮力⊖がかかっていると仮定する。

・❶－❶で切断した左側には、下向き 1kN がかかっている。
・釣り合うためには A の垂直成分は上向き 1kN になる。

③切断した左側だけで$\Sigma Y = 0$
　図式で A を求める。

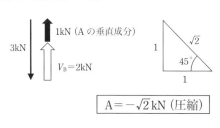

$$A = -\sqrt{2}\,kN（圧縮）$$

◆切断面に矢印が向かうのは圧縮である。

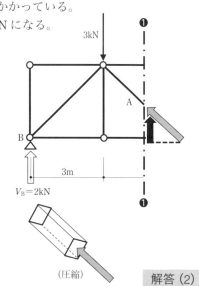

(圧縮)

解答 (2)

120

6章

座屈・たわみ

❶ 座屈の特徴—座屈は細長い材に生じる

構造物への荷重を徐々に増加させると、ある荷重で急
に変形が増大し、大きなたわみを生ずることがある。
この現象を**座屈**という。

構造物に座屈現象を引き起こし始める荷重を**弾性座屈
荷重**という。圧縮荷重を受ける柱の場合、材料、断面
形状、荷重の条件が同じであっても、弾性座屈荷重は
柱の長さに依存するため、短い柱（**短柱**）では座屈を
起こさず、長い柱（**長柱**）のみに発生する。

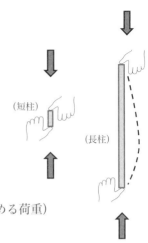

（短柱）

（長柱）

❷ 弾性座屈荷重—座屈を起こし始める荷重

$$P_k = \frac{\pi^2 EI}{L_k^2}$$

P_k：弾性座屈荷重（座屈し始める荷重）

E：ヤング係数 $\left(\dfrac{応力度}{ひずみ度} \right)$

I：断面二次モーメント $\left(\dfrac{bh^3}{12} \right)$

L_k：座屈長さ（変形する部材の長さ）

> 座屈し始める荷重（弾性座屈荷重）は、EI（曲げ剛性）に比例し、
> L_k（座屈長さ）（変形する部材の長さ）の二乗に反比例する。

 公式は、覚えなくてもよいが、次の大切なこと 3 つだけは、覚えておくこと。
①E（ヤング係数）：材が、堅いほど座屈しにくい。P_k は大きい。
②I（断面二次モーメント）：曲げに強い材ほど座屈しにくい。P_k は大きい。
③L_k（座屈長さ）：材は、長いほど座屈しやすい。P_k は、L_k の二乗に反比例。

❸ 座屈方向と座屈軸（強軸と弱軸）—座屈は断面二次モーメント最小の軸に対して生じる

最も曲げづらいかつ図心を通る軸を**強軸**といい、断面
二次モーメントは最大になる。

強軸に直交する軸が**弱軸**となり、断面二次モーメント
は最小になる。

弱軸は曲げ荷重に対して、最も抵抗が小さい軸で座屈
は弱軸に対して生じる。

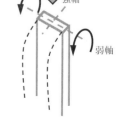

強軸

弱軸

 座屈は、弱軸（断面二次モーメントの
最も小さい方の軸）に対して生じる。

❹ **座屈長さ**―支点の拘束状態によって座屈長さは変わる

座屈長さは、変形する部材の長さで部材や支点によって拘束されている点間の距離をいう。

★変形後の弓の長さが、座屈長さ（L_k）となる。

★両端の拘束状態によって座屈長さは、変化する。

 覚えるべき座屈長さ

・二級建築士試験において、出題されるのは❶～❹までである。

・両端の拘束状態によって座屈長さが、 $\boxed{L \cdot 0.7L \cdot 0.5L \cdot 2L}$ と変化する。

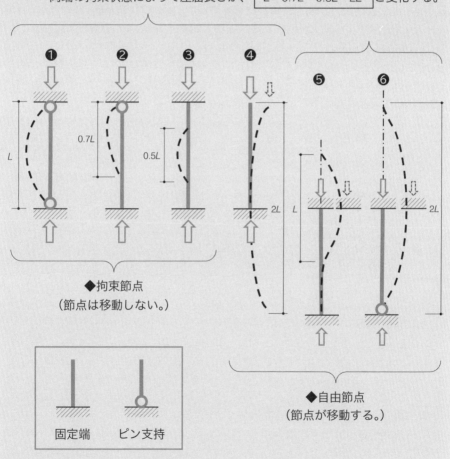

★一級建築士試験においては、❺、❻も覚える必要がある。

座屈・たわみ（確認事項）

◆弾性座屈荷重

$$P_k = \frac{\pi^2 EI}{L_k^2}$$

P_k：弾性座屈荷重
E：ヤング係数
I：断面二次モーメント
L_k：座屈長さ

$$I_x = \frac{bh^3}{12}$$

> 座屈し始める荷重（弾性座屈荷重）は、EI（曲げ剛性）に比例し、
> L_k（座屈長さ）（変形する部材の長さ）の二乗に反比例する。
> 座屈は、弱軸（断面二次モーメントの最も小さい方の軸）に対
> して生じる。

◆覚えるべき座屈長さ

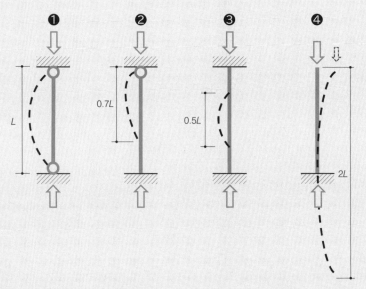

★座屈長さの値が小さいほど座屈しにくい。
　弾性座屈荷重は、大きくなる。

問題 6・1・1　H25　　　　　　　　　　　正答☑　1□（　）2□（　）3□（　）

◆長柱の弾性座屈荷重に関する次の記述のうち、**最も不適当**なものはどれか。

1. 弾性座屈荷重は、材料のヤング係数に比例する。
2. 弾性座屈荷重は、柱の断面二次モーメントに比例する。
3. 弾性座屈荷重は、柱の曲げ剛性に反比例する。
4. 弾性座屈荷重は、柱の座屈長さの二乗に反比例する。
5. 弾性座屈荷重は、柱の両端の支持条件がピンの場合より固定の場合のほうが大きい。

解答欄

◆弾性座屈荷重 $P_k = \dfrac{\pi^2 \boxed{EI}}{\boxed{L_k}^2}$　──→ 曲げ剛性（比例）
　　　　　　　　　　　　　　　　　　──→ 座屈長さ（反比例）

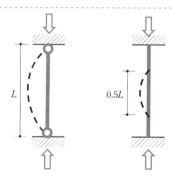

◆座屈長さの値が小さいほど座屈しにくい。

　弾性座屈荷重は、大きくなる。

◆弾性座屈荷重

$$P_k = \frac{\pi^2 EI}{L_k^2}$$

P_k：弾性座屈荷重（座屈し始める荷重）
E：ヤング係数
I：断面二次モーメント
L_k：座屈長さ

> 座屈し始める荷重（弾性座屈荷重）は、EI（曲げ剛性）に比例
> し、座屈長さ（変形する部材の長さ）の二乗に反比例する。

 公式は、覚えなくてもよいが、次の大切なこと3つだけは、覚えておくこと。
❶E（ヤング係数）：材が、堅いほど座屈しにくい。P_k は大きい。
❷I（断面二次モーメント）：曲げに強い材ほど座屈しにくい。P_k は大きい。
❸L_k（座屈長さ）：材は、長いほど座屈しやすい。P_k は、L_k の二乗に反比例。

◆弾性座屈荷重 $P_k = \dfrac{\pi^2 \boxed{EI}}{\boxed{L_k^2}}$ ⟶ 曲げ剛性（比例）
　　　　　　　　　　　　　　　⟶ 座屈長さ（反比例）

1. 弾性座屈荷重は、材料のヤング係数（E）に比例する　　　⟶ ○
2. 弾性座屈荷重は、柱の断面二次モーメント（I）に比例する。　⟶ ○
3. 弾性座屈荷重は、柱の曲げ剛性（EI）に反比例する。　　⟶ ×

　　　　　　　　　　　　　　　　　 比例

4. 弾性座屈荷重は、柱の座屈長さの二乗（L_k^2）に反比例する。　⟶ ○
5. 弾性座屈荷重は、柱の両端の支持条件がピンの場合より固定の
　 場合のほうが大きい。　　　　　　　　　　　　　　　　⟶ ○

座屈長さ
両端ピン＝L＞両端固定＝$0.5L$

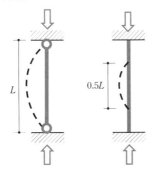

 座屈長さの値が小さいほど
座屈しにくい。
弾性座屈荷重は、大きい。

解答（3）

◆図のような断面を有する長柱 A、B、C の弾性座屈荷重をそれぞれ P_A、P_B、P_C としたとき、それらの大小関係として、**正しいもの**は、次のうちどれか。ただし、全ての柱の材質は同じで、座屈長さは等しいものとする。

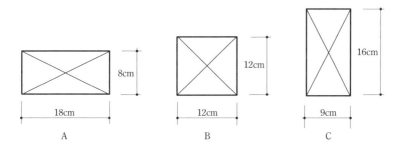

A　　　　　　　　　B　　　　　　　　　C

1.　$P_A > P_B > P_C$
2.　$P_B > P_A > P_C$
3.　$P_B > P_C > P_A$
4.　$P_C > P_A > P_B$
5.　$P_C > P_B > P_A$

解答欄

◆弾性座屈荷重 $P_k = \dfrac{\pi^2 \boxed{EI}}{L_k^2}$

- -

- -

- -

◆弱軸(断面二次モーメント I の小さい方)の値を比べる。

- -

- -

- -

- -

☞ p.122 参照

◆弾性座屈荷重

$$P_k = \frac{\pi^2 E \boxed{I}}{L_k^2}$$

P_k：弾性座屈荷重（座屈し始める荷重）
E：ヤング係数
I：断面二次モーメント
L_k：座屈長さ

 課題文には、全ての**柱の材質は同じ**で、**座屈長さは等しいもの**とするとある。E（ヤング係数）が同じで、L_k（座屈長さ）も同じ、従って P_k（弾性座屈荷重）の大小は、I（断面二次モーメント）の大小になるということである。

 もう一つ、大切なことは、座屈は、**弱軸**（断面二次モーメント I の最も小さい方）に対して生じるということである。

◆弱軸に対する断面二次モーメントを求める。

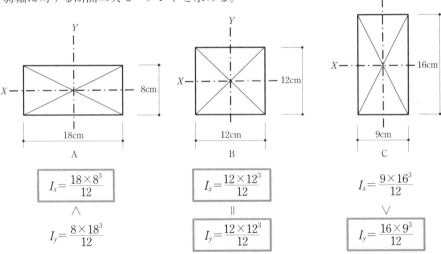

A

$$I_x = \frac{18 \times 8^3}{12}$$

$\wedge$

$$I_y = \frac{8 \times 18^3}{12}$$

B

$$I_x = \frac{12 \times 12^3}{12}$$

$\|$

$$I_y = \frac{12 \times 12^3}{12}$$

C

$$I_x = \frac{9 \times 16^3}{12}$$

$\vee$

$$I_y = \frac{16 \times 9^3}{12}$$

◆小さい方の値が、弱軸に対する断面二次モーメントとなる。

◆分母は、同じなので、分子だけ計算して比較する。

A
$$18 \times 8^3 = 9216$$

B
$$12 \times 12^3 = 20736$$

C
$$16 \times 9^3 = 11664$$

$$P_B > P_C > P_A$$

解答 (3)

128

◆図のような長さ l（m）の柱（材端条件は、一端自由、他端固定とする。）に圧縮力 P が作用したとき、次の l と I の組合せのうち、**弾性座屈荷重が最も大きくなるもの** はどれか。ただし、I は、断面二次モーメントの最小値とし、それぞれの柱は同一の材質で断面は一様とする。

	l (m)	I (m⁴)
1.	2.0	2×10^{-5}
2.	2.5	3×10^{-5}
3.	3.0	4×10^{-5}
4.	3.5	5×10^{-5}
5.	4.0	6×10^{-5}

解答欄

$$P_k\,(\text{弾性座屈荷重}) = \frac{\pi^2 E\boxed{I}}{\boxed{L_k^{\,2}}}$$

◆ $L_k = 2l$

◆ $\dfrac{I}{(2l)^2}$ を比較する。

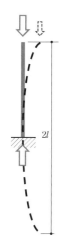

◆弾性座屈荷重

$$P_k = \frac{\pi^2 E \boxed{I}}{\boxed{L_k}^2}$$

P_k：弾性座屈荷重（座屈し始める荷重）
E：ヤング係数
I：断面二次モーメント
L_k：座屈長さ

公式は、覚えなくてもよいが、次の大切なこと3つだけは、覚えておくこと。
❶E（ヤング係数）：材が、堅いほど座屈しにくい。P_k は大きい。
❷I（断面二次モーメント）：曲げに強い材ほど座屈しにくい。P_k は大きい。
❸L_k（座屈長さ）：材は、長いほど座屈しやすい。P_k は、L_k の二乗に反比例。

課題文で、「柱は同一の材質で断面は一様とする」とあるのは、E（ヤング係数）が同じということ。従って、弾性座屈荷重の大小は、I に比例し、座屈長さの二乗に反比例するということである。

柱の材端条件は、一端自由、他端固定なので、座屈長さは、$2l$ になる。
ここは、すべて同じ条件なので l のままでもいいが、整数にした方が計算しやすいので2倍にする。

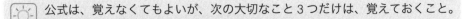

	l (m)	L_k (m)	I (m⁴)	$\dfrac{I}{L_k{}^2}$	
1.	2.0	4.0	2×10^{-5}	$\dfrac{2}{4^2}$	$\dfrac{1}{8} = \boxed{0.125}$
2.	2.5	5.0	3×10^{-5}	$\dfrac{3}{5^2}$	$\dfrac{3}{25} = 0.12$
3.	3.0	6.0	4×10^{-5}	$\dfrac{4}{6^2}$	$\dfrac{1}{9} = 0.11$
4.	3.5	7.0	5×10^{-5}	$\dfrac{5}{7^2}$	$\dfrac{5}{49} = 0.10$
5.	4.0	8.0	6×10^{-5}	$\dfrac{6}{8^2}$	$\dfrac{3}{32} = 0.09$

$2l$ (m) 　　　　　　　　　　　　($\times 10^{-5}$)

1.の弾性座屈荷重が最も大きい。

解答 (1)

◆長柱の弾性座屈荷重に関する次の記述のうち、**最も不適当な**ものはどれか。

1. 弾性座屈荷重は、柱の断面二次モーメントに比例する。
2. 弾性座屈荷重は、材料のヤング係数に反比例する。
3. 弾性座屈荷重は、柱の座屈長さの二乗に反比例する。
4. 弾性座屈荷重は、柱の両端の支持条件が水平移動拘束で「両端ピンの場合」より水平移動拘束で「両端固定の場合」のほうが大きい。
5. 弾性座屈荷重は、柱の両端の支持条件が水平移動自由で「両端固定の場合」と水平移動拘束で「両端ピンの場合」とでは、同じ値となる。

解答欄

◆弾性座屈荷重 $P_k = \dfrac{\pi^2 \boxed{EI}}{\boxed{L_k}^2}$ 　　　→　曲げ剛性（比例）

　　　　　　　　　　　　　　　　　　→　座屈長さ（反比例）

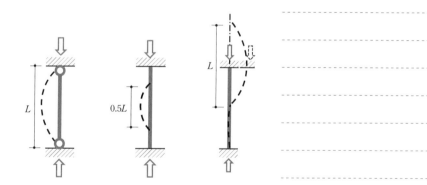

◆座屈長さの値が小さいほど座屈しにくい。

弾性座屈荷重は、大きくなる。

◆弾性座屈荷重

$$P_k = \frac{\pi^2 EI}{L_k^2}$$

P_k：弾性座屈荷重（座屈し始める荷重）
E：ヤング係数
I：断面二次モーメント
L_k：座屈長さ

> 座屈し始める荷重（弾性座屈荷重）は、EI（曲げ剛性）に比例し、座屈長さ（変形する部材の長さ）の二乗に反比例する。

 公式は、覚えなくてもよいが、次の大切なこと3つだけは、覚えておくこと。
❶E（ヤング係数）：材が、堅いほど座屈しにくい。P_k は大きい。
❷I（断面二次モーメント）：曲げに強い材ほど座屈しにくい。P_k は大きい。
❸L_k（座屈長さ）：材は、長いほど座屈しやすい。P_k は、L_k の二乗に反比例。

◆弾性座屈荷重 $P_k = \dfrac{\pi^2 \boxed{EI}}{\boxed{L_k^2}}$ ⟶ 曲げ剛性（比例）
　　　　　　　　　　　　　　　　　　　⟶ 座屈長さ（反比例）

1. 弾性座屈荷重は、柱の断面二次モーメント（I）に比例する。　⟶ ○
2. 弾性座屈荷重は、材料のヤング係数に<u>反比例</u>する。　⟶ ×

比例

3. 弾性座屈荷重は、柱の座屈長さの二乗 に反比例する。　⟶ ○
4. 弾性座屈荷重は、柱の両端の支持条件が水平移動拘束で「両端ピンの場合」より水平移動拘束で「両端固定の場合」のほうが大きい。　⟶ ○
5. 弾性座屈荷重は、柱の両端の支持条件が水平移動自由で「両端固定の場合」と水平移動拘束で「両端ピンの場合」とでは、**同じ値**となる。　⟶ ○

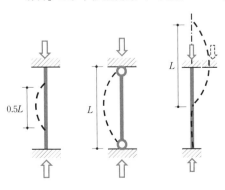

 5の水平移動自由な問題は、覚えていなくても2の問題が間違っていることがわかれば、解ける。
座屈長さの値が小さいほど座屈しにくい。
弾性座屈荷重は、大きい。

解答 (2)

問題 6・2・1　H27　　　　　　　　　　正答☑　1□(　)　2□(　)　3□(　)

◆図のような材の長さ及び材端の支持条件が異なる柱A、B、Cの座屈長さをそれぞれ l_A、l_B、l_C としたとき、それらの大小関係として、**正しい**ものは、次のうちどれか。

1. $l_A > l_B > l_C$
2. $l_A = l_B > l_C$
3. $l_B > l_C > l_A$
4. $l_C > l_A = l_B$
5. $l_C > l_B > l_A$

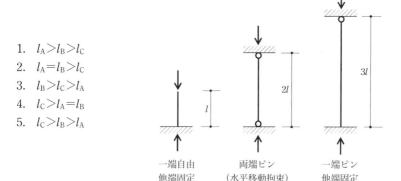

一端自由
他端固定

A

両端ピン
(水平移動拘束)

B

一端ピン
他端固定
(水平移動拘束)

C

解答欄

◆拘束状態の違いによる座屈長さを計算する。

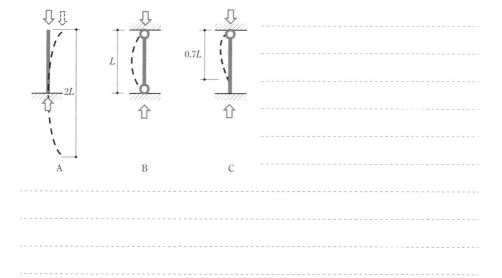

A　　　　　B　　　　　C

133

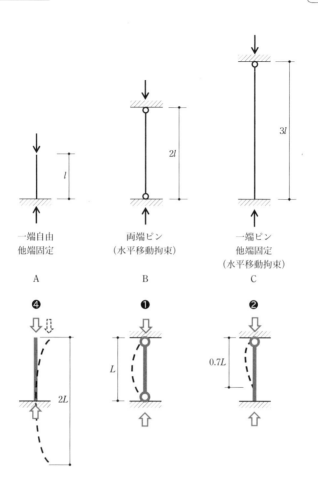

一端自由　　　　　　両端ピン　　　　　　一端ピン
他端固定　　　　　（水平移動拘束）　　　　他端固定
　　　　　　　　　　　　　　　　　　　　（水平移動拘束）

　　A　　　　　　　　　B　　　　　　　　　C

 p.123 で示した支点の拘束状態の違いによる座屈長さの 3 種類。

$$L_{kA} = l \times 2 = 2l$$
$$L_{kB} = 2l \times 1 = 2l$$
$$L_{kC} = 3l \times 0.7 = 2.1l$$

◆座屈長さの大小は、$L_{kA} = L_{kB} < L_{kC}$ 解答 (4)

◆図のような材の長さ及び材端の支持条件が異なる柱 A、B、C の弾性座屈荷重をそれぞれ P_A、P_B、P_C としたとき、それらの大小関係として、**正しい**ものは、次のうちどれか。ただし、すべての材質及び断面形状は同じものとする。

1. $P_A > P_B > P_C$
2. $P_A = P_C > P_B$
3. $P_B > P_A = P_C$
4. $P_C > P_A > P_B$
5. $P_C > P_B > P_A$

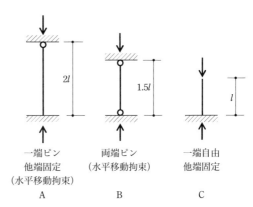

一端ピン　　　　両端ピン　　　一端自由
他端固定　　（水平移動拘束）　他端固定
（水平移動拘束）
　　A　　　　　　　B　　　　　　C

解答欄

◆拘束状態の違いによる座屈長さを計算する。

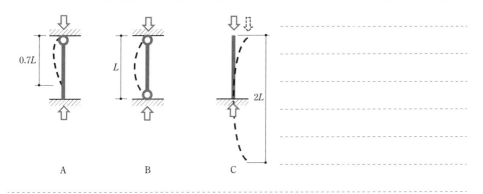

A　　　　　　B　　　　　　C

◆座屈長さの値が大きいと弾性座屈荷重は、小さくなる。

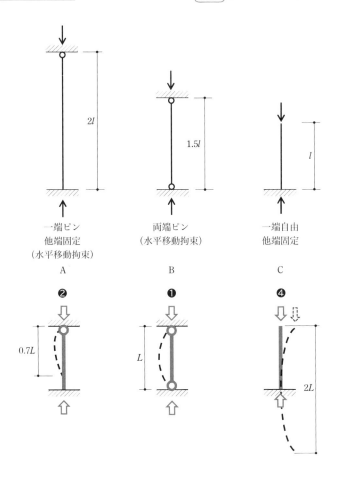

一端ピン
他端固定
（水平移動拘束）

A

両端ピン
（水平移動拘束）

B

一端自由
他端固定

C

p.123 で示した支点の拘束状態の違いによる座屈長さの 3 種類。

$$L_{kA}=2l \times 0.7=1.4l$$
$$L_{kB}=1.5l \times 1=1.5l$$
$$L_{kC}=l \times 2=2l$$

◆座屈長さの大小は、$L_{kA}<L_{kB}<L_{kC}$　　$\boxed{P_A>P_B>P_C}$

座屈長さの値が大きいと、
弾性座屈荷重は小さくなる。

解答（1）

136

◆図のような材の長さ、材端又は材の中央の支持条件が異なる柱 A、B、C の座屈長さ
をそれぞれ l_A、l_B、l_C としたとき、それらの大小関係として、**正しいもの**は、次のう
ちどれか。

1. $l_A > l_B > l_C$
2. $l_A = l_B > l_C$
3. $l_B > l_A > l_C$
4. $l_B > l_C > l_A$
5. $l_B = l_C > l_A$

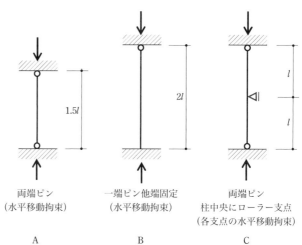

両端ピン　　　　　一端ピン他端固定　　　　両端ピン
（水平移動拘束）　（水平移動拘束）　　柱中央にローラー支点
　　　　　　　　　　　　　　　　　　（各支点の水平移動拘束）

　　A　　　　　　　　B　　　　　　　　C

解答欄

◆拘束状態の違いによる座屈長さを計算する。

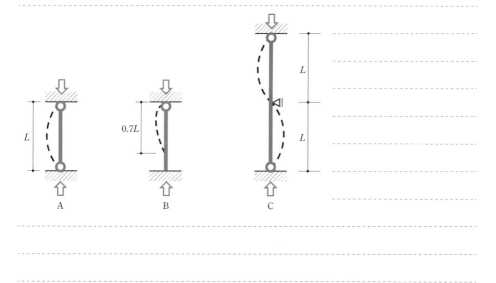

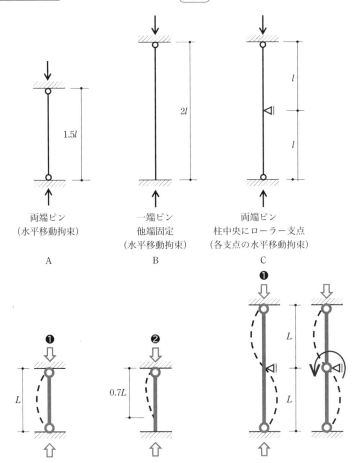

両端ピン
(水平移動拘束)

A

一端ピン
他端固定
(水平移動拘束)

B

両端ピン
柱中央にローラー支点
(各支点の水平移動拘束)

C

p.123 で示した支点の拘束状態の違いによる座屈長さの 3 種類。

C の柱中央のローラー支点で、材は、回転するので❶の座屈長さ
と同じになる。

$$L_{kA} = 1.5l \times 1 = 1.5l$$
$$L_{kB} = 2l \times 0.7 = 1.4l$$
$$L_{kC} = l \times 1 = l$$

◆座屈長さの大小は、$L_{kA} > L_{kB} > L_{kC}$　　$\boxed{l_A > l_B > l_C}$

解答 (1)

138

◆図のような材の長さ及び材端の支持条件が異なる柱 A、B、C の弾性座屈荷重をそれ
ぞれ P_A、P_B、P_C としたとき、それらの大小関係として、**正しい**ものは、次のうちど
れか。ただし、全ての柱の材質及び断面形状は同じものとする。

1.　$P_A > P_B > P_C$
2.　$P_A > P_C > P_B$
3.　$P_B > P_C > P_A$
4.　$P_C > P_A > P_B$
5.　$P_C > P_B > P_A$

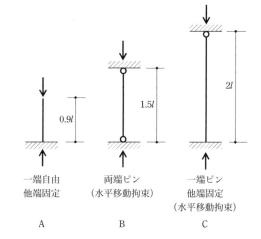

$0.9l$	$1.5l$	$2l$
一端自由 他端固定	両端ピン （水平移動拘束）	一端ピン 他端固定 （水平移動拘束）
A	B	C

解答欄

①拘束状態の違いによる座屈長さを計算する。

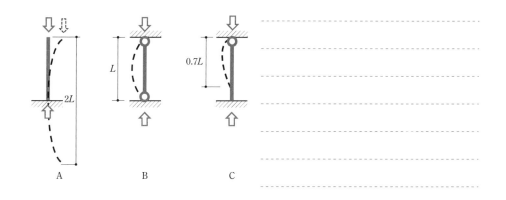

②座屈長さの値が大きいと弾性座屈荷重は、小さくなる。

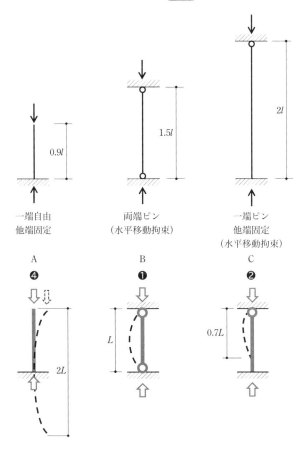

一端自由
他端固定

両端ピン
（水平移動拘束）

一端ピン
他端固定
（水平移動拘束）

A

B

C

❹

❶

❷

L

$0.7L$

$2L$

①拘束状態の違いによる座屈長さを計算する。

 p.123 で示した支点の拘束状態の違いによる座屈長さの 3 種類。

$L_{kA} = 0.9l \times 2 = 1.8l$

$L_{kB} = 1.5l \times 1 = 1.5l$

$L_{kC} = 2l \times 0.7 = 1.4l$

◆座屈長さの大小は、$L_{kC} < L_{kB} < L_{kA}$

②座屈長さの値が大きいと弾性座屈荷重は、小さくなる。

$P_C > P_B > P_A$

解答（5）

❶ **梁の変形**—梁が曲がるとたわみ角（θ）とたわみ（δ）が生じる

梁に外力が生じると、部材は変形する。材は曲がり、たわみ角（θ）とたわみ（δ）が発生する。

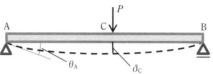

❷ **たわみ角（θ）とたわみ（δ）の求め方（モールの定理）**

外力を受けた梁は、変形する。変形前と変形後の材軸の接触角度をたわみ角（θ：シータ）といい、変形後の材軸との変位量をたわみ（δ：デルタ）という。このたわみ角とたわみは、**モールの定理**を使って求めることができる。

❸ **単純梁のたわみとたわみ角**

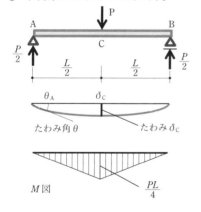

◆**モールの定理**
モーメント図を逆さまにし、分母に EI をつけ弾性荷重とする。反力 V_A がたわみ角 θ_A となる。C 点の左側のモーメントがたわみ δ_C となる。

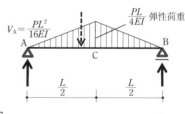

◆たわみ角 $\theta_A = V_A = \dfrac{PL}{4EI} \times \dfrac{L}{2} \times \dfrac{1}{2} = \boxed{\dfrac{PL^2}{16EI}}$

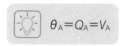
$$\theta_A = Q_A = V_A$$

◆たわみ $\delta_C = M_{C左} = \dfrac{PL^2}{16EI} \times \left(\dfrac{L}{2} - \dfrac{L}{6} \right) = \boxed{\dfrac{PL^3}{48EI}}$

★モールの定理は、二級建築士試験には出題されていないが、たわみ角、たわみの基本式を理解するためには、必要である。

❹ たわみとたわみ角の式の一覧

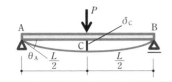

◆たわみ角 $\theta_\text{A} = \theta_\text{B} = \dfrac{PL^2}{16EI}$

◆たわみ $\delta_\text{C} = \dfrac{PL^3}{48EI}$

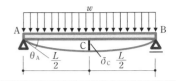

◆たわみ角 $\theta_\text{A} = \theta_\text{B} = \dfrac{wL^3}{24EI}$

◆たわみ $\delta_\text{C} = \dfrac{5wL^4}{384EI}$

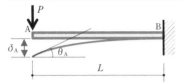

◆たわみ角 $\theta_\text{A} = \dfrac{PL^2}{2EI}$

◆たわみ $\delta_\text{A} = \dfrac{PL^3}{3EI}$

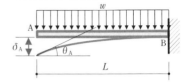

◆たわみ角 $\theta_\text{A} = \dfrac{wL^3}{6EI}$

◆たわみ $\delta_\text{A} = \dfrac{wL^4}{8EI}$

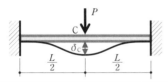

◆たわみ $\delta_\text{C} = \dfrac{PL^3}{192EI}$

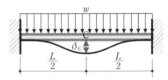

◆たわみ $\delta_\text{C} = \dfrac{wL^4}{384EI}$

◆二級建築士試験では、たわみに関する問題は、ほとんど出題されていない。覚えておくべきことは、次の**二つ**。

❶単純梁（片持ち梁）に集中荷重が作用した場合、たわみ角は、**スパンの二乗に比例**、たわみは、**スパンの三乗に比例**する。

❷単純梁（片持ち梁）に等分布荷重が作用した場合、たわみ角は、**スパンの三乗に比例**、たわみは、**スパンの四乗に比例**する。

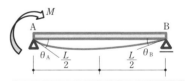

◆たわみ角 $\theta_\text{A} = \dfrac{ML}{3EI}$

◆たわみ角 $\theta_\text{B} = \dfrac{ML}{6EI}$

問題 6・3・1 H25 　　　　　　正答☑ 　1□( ) 2□( ) 3□( )

◆図−1のような単純梁を図−2のように、等分布荷重 w (kN/m) を変えずに、スパン l (m) を2倍にした場合に生じる変化に関する次の記述のうち、**最も不適当な**ものはどれか。ただし、梁は、自重を無視するものとし、材質及び断面は変わらないものとする。

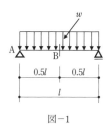

図−1

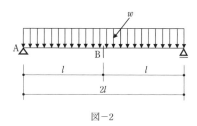

図−2

1. A点のたわみ角が4倍になる。
2. B点のたわみが16倍になる。
3. A点の鉛直反力が2倍になる。
4. 最大せん断力が2倍になる。
5. 最大曲げモーメントが4倍になる。

解答欄

◆単純梁に等分布荷重が作用した場合、たわみ角は、
　スパンの3乗に比例、たわみは、スパンの4乗に比例する。

◆図−1と図−2の反力・Q図・M図を比較する。

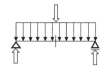

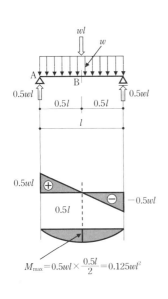

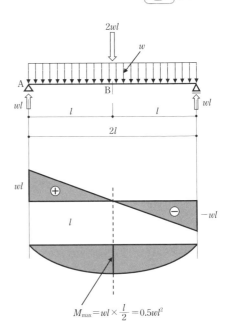

> 💡 単純梁に等分布荷重が作用した場合、たわみ角は、**スパンの三乗**に比例、たわみは、**スパンの四乗**に比例する。

1. A 点のたわみ角が、4 倍になる。 ➡ 8 倍になる (×)
　◆単純梁に等分布荷重が作用した場合、たわみ角は、スパンの 3 乗に比例する。

$$l^3 \quad ➡ \quad (2l)^3 = 8l^3$$

2. B 点のたわみが、16 倍になる。 ➡ （○）
　◆単純梁に等分布荷重が作用した場合、たわみは、スパンの 4 乗に比例する。

$$l^4 \quad ➡ \quad (2l)^4 = 16l^3$$

3. A 点の鉛直反力が、2 倍になる。 ➡ （○）

4. 最大せん断力が、2 倍になる。 ➡ （○）   } p.78 参照

5. 最大曲げモーメントが、4 倍になる。 ➡ （○）

解答 (1)

◆図−1のように集中荷重を受ける単純梁を、図−2のような等分布荷重を受けるように荷重条件のみ変更した場合に生じる変化に関する次の記述のうち、**最も不適当な**ものはどれか。ただし、梁は、自重を無視するものとする。

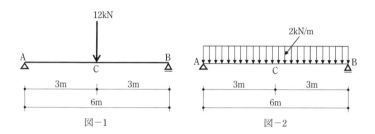

12kN

2kN/m

A　　　　　　　　B
　　　　C

3m　　　3m
　　6m
図−1

A　　　　　　　　B
　　　　C

3m　　　3m
　　6m
図−2

1.　支点A及びBの反力は、荷重条件変更後も、変わらない。
2.　最大曲げモーメントが、荷重条件変更後に、小さくなる。
3.　C点におけるたわみが、荷重条件変更後に、小さくなる。
4.　軸方向力は、荷重条件変更後も変わらない。
5.　最大せん断力が、荷重条件変更後に、小さくなる。

解答欄

◆図−1と図−2の反力・Q図・M図を比較する。

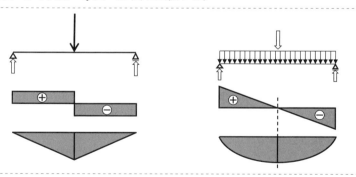

◆3の問題は、解かなくてもよい。

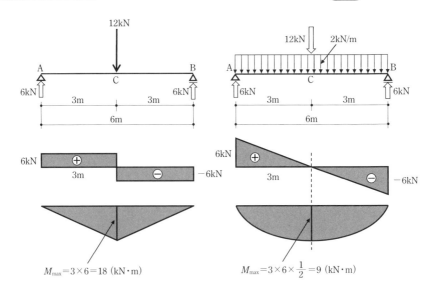

$$M_{max}=3\times6=18\ (kN\cdot m)$$

$$M_{max}=3\times6\times\frac{1}{2}=9\ (kN\cdot m)$$

1.　支点 A 及び B の反力は、荷重条件変更後も、変わらない。　➡　（○）

2.　最大曲げモーメントが、荷重条件変更後に、小さくなる。　➡　（○）

　　　　　　　　　　　　　　　　　　　　　　　　　　　　　p.78 参照

5.　最大せん断力が、荷重条件変更後に、**小さくなる**。

　　◆ 最大せん断力は、両方とも**同じ**。　➡　（×）

4.　軸方向力は、荷重条件変更後も、変わらない。

　　◆両方とも軸方向力は生じていない。　➡　（○）

3.　C 点における**たわみ**が、荷重条件変更後に、小さくなる。（○）

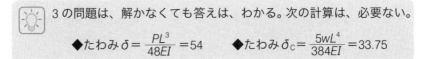

　　🔅　3 の問題は、解かなくても答えは、わかる。次の計算は、必要ない。

　　◆たわみ $\delta=\dfrac{PL^3}{48EI}=54$　　　◆たわみ $\delta_C=\dfrac{5wL^4}{384EI}=33.75$

解答（5）

146

7章

確認問題

Check

◆図のような L 形断面において、図心の座標 (x_0, y_0) の値として、**正しい**ものは、次のうちどれか。ただし、$x_0=\dfrac{Sy}{A}$、$y_0=\dfrac{Sx}{A}$ であり、Sx、Sy は、それぞれ X 軸、Y 軸まわりの断面一次モーメント、A は、全断面積を示すものとする。

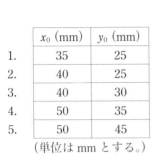

	x_0 (mm)	y_0 (mm)
1.	35	25
2.	40	25
3.	40	30
4.	50	35
5.	50	45

（単位は mm とする。）

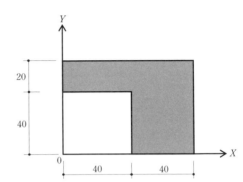

解答欄

①各長方形の面積を求める。

$A_1=$

$A_2=$

②面積の合計を求める。

$A=$

③X 軸に関する断面一次モーメントを求める。

$Sx=$

④Y 軸に関する断面一次モーメントを求める。

$Sy=$

⑤図心位置を求める。

$x_0=$

$y_0=$

◆図のような断面における X 軸に関する断面二次モーメントの値として、**正しいもの**
　は、次のうちどれか。

1.　1,080cm^4
2.　1,096cm^4
3.　1,112cm^4
4.　1,152cm^4
5.　1,240cm^4

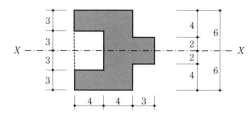

（単位は cm とする。）

①I_X を求める。

◆図心が X 軸を通る場合は、単純に加算・減算が可能となる。

◆図のような荷重を受ける単純梁のA点における曲げモーメントの大きさとして、正しいものは、次のうちどれか。

1. 2kN・m
2. 4kN・m
3. 6kN・m
4. 8kN・m
5. 10kN・m

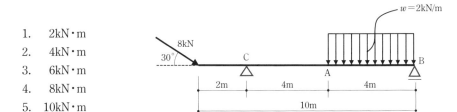

解答欄

①荷重の単純化：等分布荷重 ➡ 集中荷重・斜め荷重 ➡ $X・Y$方向に分解する。

②反力を仮定する。

③$\Sigma M_C = 0$ ➡ V_Bを求める。

④$\Sigma Y = 0$ ➡ V_Cを求める。

⑤A点における曲げモーメントの大きさ（絶対値）を求める。

◆図−1のような荷重を受ける片持ち梁において、曲げモーメント図が図−2となる場合、A点の曲げモーメントの大きさとして、**正しい**ものは、次のうちどれか。

1.　　3kN・m
2.　3.5kN・m
3.　　4kN・m
4.　4.5kN・m
5.　　5kN・m

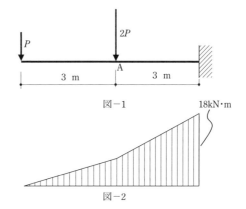

図−1

18kN・m

図−2

解答欄

①Pを使った支点の曲げモーメントを求める。(＝18kN・m)

②Pの値を求める。

③A点のモーメント(絶対値)を計算する。

◆図のような外力を受ける3ヒンジラーメンにおいて、支点A、Bに生じる水平反力 H_A、H_B の値と、C−D間のせん断力 Q_{CD} の絶対値との組合せとして、**正しいもの**は、次のうちどれか。ただし、水平反力の方向は、左向きを「＋」とする。

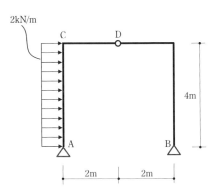

2kN/m

	H_A	H_B	Q_{CD} の絶対値
1.	＋2kN	＋6kN	4kN
2.	＋2kN	＋6kN	8kN
3.	＋4kN	＋4kN	4kN
4.	＋6kN	＋2kN	4kN
5.	＋6kN	＋2kN	8kN

解答欄

◆反力を4つ仮定する。

①等分布荷重を集中荷重にする。

②反力を仮定する。

③$\Sigma M_A = 0$　➡　V_B を求める。

④$\Sigma Y = 0$　➡　V_A（図式）

⑤$\Sigma M_{D右} = 0$　➡　H_B

⑥$\Sigma X = 0$　➡　H_A（図式）

⑦Q_{CD} の絶対値を求める。（図式）

◆図のような等分布荷重 w を受ける長さ l の単純梁に断面 $b \times h$ の部材を用いたとき、その部材に生じる最大曲げ応力度として、**正しいもの**は、次のうちどれか。ただし、部材の自重は無視するものとする。

1. $\dfrac{wl^2}{bh^2}$

2. $\dfrac{wl^2}{b^2h}$

3. $\dfrac{2wl^2}{3b^3h}$

4. $\dfrac{2wl^2}{3bh^2}$

5. $\dfrac{3wl^2}{4bh^2}$

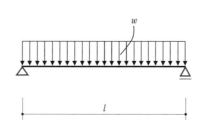

部材断面

解答欄

①Z_x（断面係数）を求める。

②$M_{\max}$（最大曲げモーメント）を求める。

③$\sigma_{b\max}$（最大曲げ応力度）の公式に代入する。

④式をまとめる。

◆図のような外力を受ける静定トラスにおいて、部材 A、B、C に生じる軸方向力の組合せとして、**正しい**ものは、次のうちどれか。ただし、軸方向力は、引張力を「＋」、圧縮力を「－」とする。

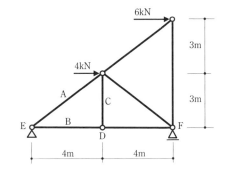

	A	B	C
1.	＋5kN	＋2kN	＋6kN
2.	＋5kN	－2kN	0kN
3.	＋10kN	＋2kN	0kN
4.	＋10kN	－2kN	0kN
5.	－10kN	＋2kN	－6kN

解答欄

◆反力を求める。(V_E、H_E)

①トラスを構成する三角形の角度を確認する。

②p.100 のケース①～④に適合する箇所を確認する。

③ケース①T ゾーン (L ゾーン) 0 部材を確認する。

④三角ゾーンで矢印を閉じる。(矢印が四つになる場合もある。)

⑤力の矢印を接点に戻す。

⑥引張⊕と圧縮⊖を確認する。

◆図のような外力を受ける静定トラスにおいて、部材 A、B、C に生じる軸方向力の値の組合せとして、**正しい**ものは、次のうちどれか。ただし、軸方向力は、引張力を「＋」、圧縮力を「－」とする。

	A	B	C
1.	−20kN	$-10\sqrt{2}$ kN	+10kN
2.	−20kN	$-10\sqrt{2}$ kN	−10kN
3.	+20kN	$+10\sqrt{2}$ kN	−10kN
4.	+20kN	$+10\sqrt{2}$ kN	−20kN
5.	+20kN	$-10\sqrt{2}$ kN	−10kN

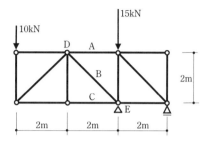

解答欄

①求めたい部材の所で切断する。

②切断した箇所に引張力⊕がかかっていると仮定する。

③切断した左側だけで$\Sigma M=0$、$\Sigma Y=0$、$\Sigma X=0$ を計算する。

④水平部材の軸力を求める時は、他の２力の交点で$\Sigma M=0$を計算し軸力を求める。

⑤斜材の軸力は$\Sigma Y=0$ より図式で求める。

◆図のような材の長さ及び材端の支持条件が異なる柱 A、B、C、D の弾性座屈荷重を
それぞれ P_A、P_B、P_C、P_D としたとき、それらの大小関係として、**正しいもの**は、次
のうちどれか。ただし、全ての柱の材質及び断面形状は、同じものとする。

1.　$P_A > P_C > P_D > P_B$
2.　$P_A > P_D > P_C > P_B$
3.　$P_A > P_C > P_B > P_D$
4.　$P_D > P_A > P_B > P_C$
5.　$P_C > P_D > P_A > P_B$

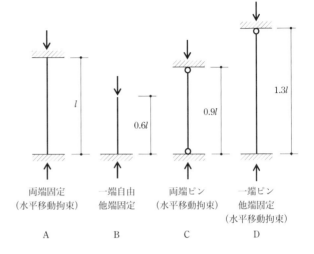

両端固定　　　一端自由　　両端ピン　　　一端ピン
(水平移動拘束)　他端固定　(水平移動拘束)　他端固定
　　　　　　　　　　　　　　　　　　　(水平移動拘束)

　　A　　　　　B　　　　　C　　　　　D

解答欄

①拘束状態の違いによる座屈長さを計算する。

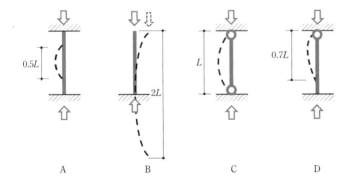

　　A　　　　　B　　　　　C　　　　　D

②座屈長さの値が大きいと弾性座屈荷重は、小さくなる。

◆図のような長さ l（m）の柱（材端条件は、一端ピン、他端固定とする。）に圧縮力 P が作用したとき、次の l と I の組合せのうち、**弾性座屈荷重が最も小さくなるもの**はどれか。ただし、I は、断面二次モーメントの最小値とし、それぞれの柱は同一の材質で断面は一様とする。

	l（m）	I（m⁴）
1.	2.0	2×10^{-5}
2.	3.0	4×10^{-5}
3.	4.0	5×10^{-5}
4.	5.0	8×10^{-5}
5.	6.0	12×10^{-5}

解答欄

$$P_k\,(\text{弾性座屈荷重})=\frac{\pi^2 E\boxed{I}}{L_k^{\,2}}$$

◆$L_k=0.7l$

◆$\dfrac{I}{(0.7l)^2}$ を比較する。

確認問題解答

No.1	解答	4

① $A_1 = 20 \times 80 = 1600$ (mm²)

$A_2 = 40 \times 40 = 1600$ (mm²)

③ $S_x = 1600 \times (50 + 20) = 112000$ (mm³)

④ $S_y = 1600 \times (40 + 60) = 160000$ (mm³)

② $A = A_1 + A_2 = 3200$ (mm²)

$$⑤\quad x_0 = \frac{160000}{3200} = 50 \text{ (mm)}$$

$$y_0 = \frac{112000}{3200} = 35 \text{ (mm)}$$

No.2	解答	2

◆ $I_x = \dfrac{8 \times 12^3}{12} - \dfrac{4 \times 6^3}{12} + \dfrac{3 \times 4^3}{12} = \boxed{1096 \text{ (cm}^3)}$

No.3	解答	2

③ $\Sigma M_C = -4 \times 2 + 8 \times 6 - V_B \times 8 = 0$　$V_B = 5\text{kN}$ (↑)

④ $\Sigma Y = 0$　$V_C = 7\text{kN}$ (↑)

⑤ $M_A = -4 \times 6 + 7 \times 4 = \boxed{4 \text{ (kN·m)}}$

No.4	解答	4

① 支点のモーメント $= -P \times 6 - 2P \times 3 = -12P = -18\text{kN·m}$

② $P = 1.5\text{kN}$　　　　　　　　◆M 図の上は、⊖

③ $M_A = -1.5 \times 3 = -4.5$ (kN·m)　絶対値 $\boxed{4.5\text{kN·m}}$

No.5	解答	4

③ $\Sigma M_A = 8 \times 2 - V_B \times 4 = 0$　$V_B = 4\text{kN}$ (↑)

④ $\Sigma Y = 0$　$V_A = 4\text{kN}$ (↓)

⑤ $\Sigma M_{D 右} = -4 \times 2 + H_B \times 4 = 0$　$\boxed{H_B = +2\text{kN} (\leftarrow)}$

⑥ $\Sigma X = 0$　$\boxed{H_A = +6\text{kN} (\leftarrow)}$

⑦ $V_A = 4\text{kN}$ (↓) が、Q_{CD} となる。　$\boxed{Q_{CD} \text{ の絶対値} = 4\text{kN}}$

No.6	解答	5

③ $\sigma_{b\max}$（最大曲げ応力度）$= \dfrac{M_{\max}（最大曲げモーメント）}{Z_x（断面係数）} = \dfrac{\dfrac{wl^2}{8}}{\dfrac{bh^2}{6}}$

④ $\sigma_{b\max} = \dfrac{\dfrac{wl^2}{8}}{\dfrac{bh^2}{6}} = \dfrac{wl^2 \times 6}{bh^2 \times 8} = \boxed{\dfrac{3wl^2}{4bh^2}}$

158

◆ $\Sigma M_F = 4 \times 3 + 6 \times 6 + V_E \times 8 = 0$　$V_E = -6$kN（↓）

　$\Sigma X = 0$　$H_E = 10$kN（←）

① 三角比 3 : 4 : 5

③ C 部材は 0 部材（T ゾーン）　$\boxed{C = 0\text{kN}}$

④ 三角ゾーン（接点 E）で
矢印を閉じる。（力は 4 つ）

⑤ 力の矢印を接点に戻す。

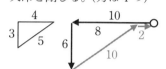

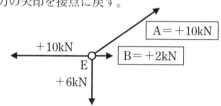

$\boxed{A = +10\text{kN}}$

$\boxed{B = +2\text{kN}}$

⑥ 引張⊕と圧縮⊖を確認する。

D−E 材を切断し、左側の力の釣り合いを考える

④ $\Sigma M_E = -10 \times 4 + A \times 2 = 0$　$\boxed{A = +20\text{kN}}$

　$\Sigma M_D = -10 \times 2 - C \times 2 = 0$　$\boxed{C = -10\text{kN}}$

⑤ $\boxed{B = -10\sqrt{2}\text{kN}}$

10kN

・$\Sigma Y = 0$ より上向き 10kN が生じる。

・仮定とは逆の圧縮になる。

① $L_{kA} = l \times 0.5 = 0.5l$　　$L_{kB} = 0.6l \times 2 = 1.2l$

　$L_{kC} = 0.9l \times 1 = 0.9l$　　$L_{kD} = 0.7l \times 1.3 = 0.91l$

　$L_{kA} < L_{kC} < L_{kD} < L_{kB}$

② $\boxed{P_A > P_C > P_D > P_B}$

・弾性座屈荷重は座屈長さの小さい方
が大きい。

◆ $L_k = 0.7l$ は、同じ条件

◆ $\dfrac{I}{l^2}$ を比較する。

① $\dfrac{I}{l^2} = \dfrac{2}{2^2} = 0.5$

② $\dfrac{I}{l^2} = \dfrac{4}{3^2} = 0.44$

③ $\boxed{\dfrac{I}{l^2} = \dfrac{5}{4^2} = 0.31}$　◆弾性座屈荷重最小

④ $\dfrac{I}{l^2} = \dfrac{8}{5^2} = 0.32$

⑤ $\dfrac{I}{l^2} = \dfrac{12}{6^2} = 0.33$

著者

西村博之（にしむら・ひろゆき）
修成建設専門学校建築学科講師。1955年大阪生まれ。大阪工業大学建築学科卒業。
大阪市立都島工業高校・大阪市立工芸高校・修成建設専門学校で教諭・講師として勤務。修成建設専門学校での
担当教科は建築構造力学・建築設計製図・卒業設計（BIMデザイン）。一級建築士。
著書（共著）に 西日本工高建築連盟編『CADの進め方（新建築設計ノート）』、（彰国社）、『工業369　インテリ
ア製図　文部科学省検定教科書』（実教出版）、『基礎講座 建築構造力学』（学芸出版社）。

辰井菜緒（たつい・なお）
修成建設専門学校建築学科夜間部科長。1987年兵庫県生まれ。大阪市立大学大学院修了、修成建設専門学校卒業。
実務経験を経て2016年より修成建設専門学校常勤講師。2022年より大手前大学建築＆芸術学部非常勤講師。修
成建設専門学校での担当教科は建築一般構造学・建築材料学・建築設計製図・卒業設計・パース演習等。一級建
築士、インテリアプランナー、インテリアコーディネーター、インテリア設計士、キッチンスペシャリスト、商
業施設士、既存住宅状況調査技術者講習修了、認定まちづくり適正建築士など、共著に『基礎講座 建築構造力学』
（学芸出版社）。

数学が苦手でも解ける！二級建築士試験 構造力学

2023年9月15日　　第1版第1刷発行

著　者………西村博之・辰井菜緒

発行者………井口夏実
発行所………株式会社 学芸出版社
　　　　　　〒600-8216
　　　　　　京都市下京区木津屋橋通西洞院東入
　　　　　　電話 075-343-0811
　　　　　　http://www.gakugei-pub.jp/
　　　　　　E-mail: info@gakugei-pub.jp

編　集………岩崎健一郎

ＤＴＰ………村角洋一デザイン事務所
装　丁………尾崎閑也
印　刷………イチダ写真製版
製　本………山崎紙工

© 西村博之・辰井菜緒 2023　　　　　　　　Printed in Japan
ISBN 978-4-7615-2872-0

JCOPY 〈㈳出版者著作権管理機構委託出版物〉
本書の無断複写は著作権法上での例外を除き禁じられています。複写される場合は、そのつ
ど事前に、㈳出版者著作権管理機構（電話 03-5244-5088、FAX 03-5244-5089、e-mail: info@
jcopy.or.jp）の許諾を得てください。
本書を代行業者等の第三者に依頼してスキャンやデジタル化することは、たとえ個人や家庭
内での利用でも著作権法違反です。